18歳から考える人権

［第2版］

宍戸常寿 編 Shishido George

法律文化社

第2版はしがき

本書の初版は、5年前の2015年に刊行されましたが、その後も多くの方に読んでいただき、増刷を重ねてきました。第2版をこうして世に送ることができたのも、これまでの読者の皆さんのおかげだと、執筆者一同、心より感謝しています。

初版刊行後には、憲法と基本的人権をめぐる様々な動きが見られました。まず、安全保障関連法制（2015年9月に成立）と平和主義の関係が関心を集め、憲法施行70周年となる2017年には自民党が憲法改正について具体的な4項目を提示する、2019年には天皇の生前退位が行われるなど、立憲主義と憲法をめぐる議論が盛んになっています。

次に、この本が対象とする基本的人権に限定してみても、再婚禁止期間判決・夫婦同氏制判決（ともに2015年）、GPS捜査判決（2017年）など、重要な司法判断が示されています。また、「持続可能な開発目標（SDGs）」や「ビジネスと人権に関する指導原則」に見られるように、社会の様々な分野で人権尊重の傾向が広がる反面、ヘイトスピーチをめぐる問題状況が深刻になるなど、人権をめぐる問題がより多様化・複雑化してきました。

第3に、SNSの普及や少子高齢化・人口減少など、日本社会の構造的変化が、この5年の間で顕在化しています。2020年には新型コロナウイルス感染症が拡大し、政府による緊急事態宣言も出され、学習・移動・営業などの幅広い自由に対して、多大な影響が及びました。人間の生存、個人の尊厳や自律を確保する基本的な権利としての人権の意義が、改めて問われているように思います。

いま皆さんが手に取っている第2版は、こうした5年間の変化を取り入れつつ、初版と同様に、人権の多様な姿を描き出そうとしています。これから社会を担う皆さんにとっての基本的なリテラシーである、人権問題に対する理解を深める手がかりになれば幸いです。

初版に続いて第2版についても、法律文化社の梶原有美子さんに大変お世話になりました。ここに御礼を申し上げます。

2020年8月

執筆者を代表して　宍　戸　常　寿

初版はしがき

いまからちょうど70年前の1945年8月14日、日本は、無条件降伏を求めるポツダム宣言を受諾することを連合国に伝え、第二次世界大戦は終戦を迎えました。その宣言の第10項には、次のように記されていました。

「日本国政府ハ日本国国民ノ間ニ於ケル民主主義的傾向ノ復活強化ニ対スル一切ノ障礙ヲ除去スヘシ言論、宗教及思想ノ自由並ニ基本的人権ノ尊重ハ確立セラルヘシ」

この国際公約に応えるべく、日本国憲法は1946年11月3日に公布され、翌年5月3日に施行されました。民主主義と基本的人権の保障を定める憲法とともに、日本国は1951年9月のサンフランシスコ講和会議を経て国際社会に復帰し、そして現在の日本社会があります。このことからも、基本的人権が国際的・普遍的なものであるとともに、私たちから切っても切り離すことができないものでもあることが、分かるでしょう。

時が経って、2007年に成立した憲法改正手続法は、18歳以上の日本国民に、憲法改正国民投票の投票権を認めました。さらに今年（2015年）の6月には公職選挙法等が改正され、国政および地方政治に関する選挙権・投票権の年齢も、これまでの20歳から18歳に引き下げられました。ネット上での選挙運動も18歳以上の者であれば、自由に行えるようになります（これらの法改正が効力を持つのは、2016年6月からです。念のため）。それ以外の様々な自由が制限されなくなる「成人」の基準を、18歳にする検討も進められています。ひとりの自立した個人として、基本的人権を行使し民主主義を担う、その能力と責任が、まさに「18歳」に期待されているのです。この本は、そのような読者のみなさんとともに、基本的人権について考えるためのテキストです。

私たち執筆者が示す人権のイメージは、18歳のみなさんがこれまで習ってきたような「人権はつねに道徳的に正しく、美しいものだ」という理想的なイメージとも、「人権は1人ひとりの勝手気ままを許すもので、社会の協調を壊すものだ」という人権を批判する立場が前提しているイメージとも、異なっています。

人権が人類の歴史の経験と反省に根ざしていること。人権の内容は多種多様であること。現代でも様々な人権問題があり、科学や社会の進展、私たちの意識の変化によって、新たな人権問題が生じていること。人権は弱者が独占的に主張するものではなく、強者にも資する場合があること。人権の主張と公益の主張をどのように調整するのか。それを誰がどのような手続きで判断するのか……お行儀良く神棚に祭り上げられた「人権」ではなく、時には悪戦苦闘する、私たちとともに生きている等身大の人権の姿を、この本では描こうとしています。

私たち執筆者は大学で憲法を教えていますが、その私たちの間でも、原則的な見方や、具体的な問題に対する結論について、見方が異なることがあります。この本の各章は、打ち合わせやメールで簡単な調整をした上で、それぞれの章を分担する執筆者が、自らの責任で執筆しました。その方が、この本が全体として読者のみなさんに、生きている人権の多様な姿をより良く示すことができるだろう、と考えたからです。なかには少し発展的な箇所もありますが、各章をお互いに読み比べながら、自分自身の問題として人権問題を受け止め、自分の考えを持ってもらいたい、と願っています。

本書の刊行については、法律文化社の梶原有美子さんに大変お世話になりました。読者の目線を保ちながら、鋭く疑問点や曖昧な点を指摘してくださったおかげで、この本はずっと魅力的なものになったと感じています。執筆者を代表して、この場を借りて御礼申し上げます。

2015年8月

執筆者を代表して　宍　戸　常　寿

目次

18歳から考える
人　権

人権問題について考えよう

1　人権が姿を現すとき

人権は、水や空気のようなものだ。

私たちは水を飲み、空気を吸うときに、それをいちいち意識することはなく、当然にあるものだ、と思っている。のどが渇いたけれどもまわりに自販機もコンビニもないとき、閉め切った部屋や電車の中に長時間いなければならないとき、はじめて、水や空気のありがたさを、感じる。

同じことが、人権についてもいえる。私たちは、日々の生活で、人権を用いている。たとえば、①SNSに書き込みをしたり、②アルバイトをしたり、③安い費用で治療を受けたり……。こういったありふれた活動は、実は、人権の行使であるのだけれども、私たちは、いちいちそのように意識して生活することは、あまりない。人権が意識されるのは、こうしたありふれた活動が、妨げられたときである。①コメントが勝手に削除される、②アルバイトに政府の許可が必要になる、③治療を拒否される……。このような場合、人権の行使が制限された場合に、私たちは、「私の人権が侵害された！」と感じる。そして、誰にも妨げられず、自由に行使できた人権を、恋しく思う。

人権が水や空気に似ているのは、私たちが生きるために必要なものだ、という点に限られない。ふだんは当然のように認められているためにその存在に気づきにくく、それがなくなったと感じられてはじめて、私たちの意識にのぼるものだ、という点でも、共通点がある。

2　立憲主義、リベラル・デモクラシー

水や空気を意識しないですめば越したことがないように、人権が侵害されなければ、それに越したことはない。人権問題をできるだけ少なくするために、人類の知恵として発展してきたのが、憲法を制定し、憲法にのっとって政治を行うという**立憲主義**の思想である。言い換えれば、憲法とは、国民個人の人権を保障するために、国家権力を制限するものでなければならない。このような内容ではなくて、支配者による国民の人権侵害を認めるような「憲法」は、立憲主義の思想からは、憲法とは呼べない（⇒8頁❶の1）。

現代では、多くの国々が、この立憲主義の思想を採用している。こうした国々の政治体制は、**リベラル・デモクラシー**（自由民主主義）とも呼ばれる。そのしくみは、こうだ。

まず、民主主義（**デモクラシー**）を採用し、国民の代表者が国家権力を握ることは、国民の人権侵害を少なくすることに役立つ。けれども、歴史が教えるとおり、絶対的な権力は絶対に腐敗する。代表者も、いつしか国民から離れて、国民の人権を侵害する側に回るかもしれない。そうすると、民主主義を採用するだけでは、十分ではない。代表者からも、国民の人権は守られなければならない。

さらに、私たちは、1人ひとりがかけがえのない存在として尊重されなければならない。このような政治思想を、自由主義（**リベラリズム**）という。そして人権とは、私たちが「個人」であるための権利である。だから、仮に国民の代表者の考えが国民の多数の考えと一致していたとしても、個人や少数者の人権は守られなければならない（⇒❸）。

日本国憲法も、立憲主義の思想に立脚し、リベラル・デモクラシーの政治体制を採用している。憲法は、日本国民に民主主義の基本となる参政権（15条⇒⑮）を保障する。さらに、「すべて国民は、個人として尊重される。」（13条前段）と定めるとともに、多数決によっても侵すことのできない人権を掲げている。**1**で

人権の分類

<table>
<tr><th></th><th colspan="2">特徴</th><th>憲法の規定</th><th>本書</th></tr>
<tr><td colspan="3">①包括的基本権</td><td>幸福追求権（13条）</td><td>❸</td></tr>
<tr><td colspan="3">②法の下の平等</td><td>法の下の平等（14条）
家族生活における平等（24条）</td><td>❹</td></tr>
<tr><td rowspan="3">③自由権</td><td rowspan="3">国家からの自由</td><td>精神的自由権</td><td>思想良心の自由（19条）
信教の自由（20条）
表現の自由（21条）
学問の自由（23条）</td><td>❺
❻
❼
❾</td></tr>
<tr><td>経済的自由権</td><td>職業選択の自由（22条）
財産権（29条）</td><td>❽
⓭</td></tr>
<tr><td>人身の自由</td><td>奴隷的拘束からの自由（18条）、居住移転の自由（22条）、適正手続（31条）、被疑者の権利（33-36条）、被告人の権利（37-39条）</td><td>⓮</td></tr>
<tr><td>④社会権</td><td colspan="2">国家による自由</td><td>生存権（25条）
教育を受ける権利（26条）
労働基本権（28条）</td><td>❿
⓫
⓬</td></tr>
<tr><td>⑤国務請求権</td><td colspan="2">人権を実現するための人権</td><td>請願権（16条）、国家賠償請求権（17条）、裁判を受ける権利（32条）、刑事補償請求権（40条）</td><td>⓮</td></tr>
<tr><td>⑥参政権</td><td colspan="2">国家への自由</td><td>選挙権（15条）</td><td>⓯</td></tr>
</table>

憲法が保障する人権は、どのような自由・利益を内容としているかという観点から、上の図のように分類される。

たとえば③の自由権は、「国家からの自由」を内容としており、国家権力が何もしないこと（**不作為**）を求める権利である。自由権はさらに、精神活動に関する自由（精神的自由権）、経済活動に関する自由（経済的自由権）、人身の自由に分けられる。

④の社会権は、「国家による自由」を内容としており、国家権力に、自由を実現するための一定の行動（**作為**）を求める権利である。

⑥の参政権は、「国家への自由」であり、選挙に参加する権利（選挙権）が代表的なものである。

⑤の国務請求権は、政治や裁判で人権を実現するために、国家の作為を求める権利である。**「人権を実現するための人権」**とも呼ばれる。

①包括的基本権と②法の下の平等は、人権の基本的な原理・原則である。

挙げた事例は、それぞれ、①表現の自由（21条1項⇒❼）、②職業選択の自由（22条1項⇒❽）、③生存権（25条⇒❿）という人権である。

3　人権侵害の主張と人権の限界

このように、立憲主義の憲法が定められ、リベラル・デモクラシーの体制が全体としてうまく働いていたとしても、個別の事例では、人権問題が生じることがある。①コメントが勝手に削除された人、②政府の許可がないという理由でアルバイトができなくなった人、③治療を拒否された人にとっては、それぞれ、①表現の自由、②職業選択の自由、③生存権が制限された、と感じられる。こうして、「私の人権が侵害された！」という主張によって、ふだんは隠れている人権が、表舞台に現れることになる。

もっとも、人権侵害が主張されたからといって、本当に許されない人権侵害が起きているかどうかは、わからない。というのは、私たちが社会生活を営むためには、私たちがお互いの自由を制限し、人権の行使を我慢し合わなければならない場合も、あるからである。人権が水に似ているということに引っかけて言えば、雨が少ない年に節水制限があるのと、同じ話である。

たとえば、①のコメントが勝手に削除された事例は、削除された人の目線からは、表現の自由が侵害されているように思える。しかし、そのコメントが、他人の名誉をひどく傷つける内容であったとすれば、どうだろうか。そのようなコメントも、表現の自由の行使だからまったく制限できないとすれば、お互いを個人として尊重し合う社会は、成り立たない。だから、このような人権の行使は、**人権の限界**を超える（人権を濫用する）ものであり、制限されてもやむを得ない場合がある。だから、「他人の名誉を傷つける表現はして

人権を侵害するのは誰？

人権を認められる「人」（**人権享有主体**）には、日本国民のほか、外国人（外国の国籍をもつ個人）、法人・団体が含まれる（⇒❷）。それでは、人権を侵害するのは誰だろうか。

近代国家は、一方的に、国民の権利を制限し、義務を課するだけの権力をもっている。だからこそ、立憲主義は、憲法によって、人権を保障し、国家権力を制限しようとするのである。日本国憲法も、国家と個人の関係を念頭に置いて、様々な個別の人権を規定している。人権を侵害する主体は、まずはなんといっても、国家権力である。

他方、国家権力ではない私人は、お互いの約束や合意によって、自らの権利や義務を定める。国家権力はできるだけ、そのような私人同士の関係には介入しないのが望ましい。この**私的自治の原則**は、近代市民社会の基本原理である。だから、憲法の保障する人権も、国家権力が相手の場合と同じように、私人同士の関係に及ぶわけにはいかない。

ただし、私人のなかでも、企業や団体のような社会的権力は、国家権力に準じる強い力をもっており、個人の人間として生きる権利を侵害することがある。この場合には、人権を私人同士の関係にも及ぼす必要がある。これを、**人権の私人間効力**という。三菱樹脂事件の最高裁判決（最大判昭和48年12月12日）は、私的自治を限界づける公序良俗（民法90条）や不法行為（709条）の規定をいわばクッションとして、私人同士の紛争に間接的に憲法の人権規定を適用することを明らかにしている（**間接適用説**。⇒35頁❺コラム2）。

「コメントが勝手に削除された」という本文の例は、厳密に考えれば、次のような場合分けが必要である。国家権力が直接コメントを削除したとか、SNSを運営する企業に削除を命じたのであれば、国家権力による表現の自由の侵害が問題だ。これに対して、コメントで名誉を傷つけられた人が、コメントをした人に削除を求める裁判を起こしたとか、SNSを運営する企業が名誉毀損に当たることを理由に削除したのであれば、これは表現の自由の私人間効力の問題となる。

はならない」というルールにしたがってコメントが削除されているとすれば、表現の自由は侵害されていないことになる。

4　公共の福祉

このような人権の限界について、憲法13条後段は、次のように定めている。

生命、自由及び幸福追求に対する国民の権利については、公共の福祉に反しない限り、立法その他の国政の上で、最大の尊重を必要とする。

したがって、人権の制限が**公共の福祉**の範囲内にあれば、その制限は憲法に違反しない（**合憲**）。逆に、公共の福祉を超える人権の制限は、本来尊重されるべき人権の行使を侵害するものだから、憲法に違反する（**違憲**）。そして、違憲の国家の活動は、それが法律であれ命令であれ行政の行為であれ、無効である（憲法98条1項）。このため、人権侵害は法的な効力を失うことになり、人権が回復されるのである。

視点を変えて見ると、こういうことになる。「私の人権が侵害された！」と主張する人は、いまのような憲法のロジックを通して見れば、「この人権制限は、公共の福祉の範囲を超えており、違憲だ！」と主張していることになる。逆に、人権を制限する国家の側は、「この人権制限は、公共の福祉の範囲内にあり、合憲だ！」と考えている、ということになる。

それでは、肝心の「公共の福祉」とは、何だろうか。この概念は、長く難しい論争の果てに、現在では、「人権相互の矛盾衝突を調整するための実質的衡平の原理」であると理解されるようになっている。これは、人権の制限が問題になるたびに、その制限されている人権が、対立する人権と実質的に公平なやり方で調整されているかどうかを見ることで、その人権制限が合憲か違憲かを、個別に判断するという考えである。

5　違憲審査制

このように考えていくと、人権問題の決着は、誰がどのように人権制限の合憲性を判断するか、という点に落ち着いていく。この点について、憲法81条は次のように定めている。

最高裁判所は、一切の法律、命令、規則又は処分が憲法に適合するかしないかを決定する権限を有する終審裁判所である。

この違憲審査制のしくみは、裁判所が人権制限の合憲性を判断することを、示している。もう少し丁寧にかみ砕いて説明しよう。リベラル・デモクラシーの体制では、国家権力が人権を制限する場合には、それは国民の代表者が定めたルールによらなければならない。それは、日本国憲法の下では、国会の定めた**法律**である。だから、人権制限は、法律、その委任を受けて定められた**命令・規則**、これらの法令の下で行われる**処分**のうちのいずれかの形で、行われることになる。

そして、憲法81条は、こうした法律、命令、規則、処分の合憲性を最終的に判断する権限を、最高裁判所に与えている。ということは、最高裁判所による最終的判断の前に、地方裁判所や高等裁判所などの裁判所も、この合憲性の判断を行うことができる。この2点を総合して、人権制限の合憲性を判断するのは裁判所であることを、憲法は示している。

とはいえ、最高裁判所の判断が、いちばん重要であることは変わりない。最高裁判所は、内閣が指名し天皇が任命する長官と、内閣が任命する14名の判事の合計15名で構成されている。裁判官の出身は、おおむね、職業裁判官6名、弁護士4名、検察官2名、官僚・法学者3名といった辺りで固まっている。

最高裁判所は、常に15名全員がそろった大法廷で裁判するわけではなく、5名の裁判官からなる小法廷で裁判をするのが普通である。ただし、これまでしたことのない憲法判断を示す、法律が憲法に違反すると判断する、判例を変更するといった重大な裁判を行うときは、大法廷で判断しなければならない（裁判所法10条）。この本で判例を示すとき、「最大判」とあるのは大法廷の判決、「最判」とあるのは小法廷の判決である（同様に、「最大決」は大法廷の決定、「最決」は小法廷の決定である）。

裁判所は「憲法の番人」だといわれるが、それは当然、「人権の番人」でもあるということである。実際に私たちが人権問題として意識する、そしてこの本で扱う事例の多くが、人権の侵害が主張され、その救済が求められた裁判（**憲法裁判、人権裁判**）というかたちを取っているのは、このためである。

6　堀越事件を例に

それでは、裁判所は人権制限の合憲性をどのように判断すれば良いのだろうか。ここでは、**堀越事件**という有名な裁判（最判平成24年12月7日（⇒19頁❷４参照）を例に、2つの方法を紹介しよう。

この事件では、堀越さんという公務員（社会保険庁の職員）が、勤務外に、他人には公務員だとわからないやり方で、日本共産党の新聞などを他人の家のポストに投函した行為（ポスティング）が、問題になった。国家公務員法は、公務員が「政治的行為」を行うことを禁止し、違反者を処罰する規定を置いている。検察官は、この堀越さんのポスティングは、特定の政党を支援する行為であって「政治的行為」に当たるとして、処罰を求めて起訴した。これに対して、被告人である堀越さんは、表現の自由が侵害されていると主張して、

法の種類

社会生活のルールのうち、国家権力が定め、実現するものを**実定法**という。

日本の実定法には、憲法、法律、命令、規則、条例などがある。憲法は日本の法秩序の**最高法規**であり、他のすべての法に優先する。これは憲法が人権を守るための法だからである。

法律は、国民の代表者である国会（立法府）が立法権によって制定する法であり、社会生活の基本的なルールである。人権の制限は、法律に根拠がなければならない。

行政府が、法律を実施したり、法律の委任を受けて法律の内容を具体化したりするために作るルールが、命令と規則である。内閣が定める命令は政令、内閣府が定める命令は府令、各省が定める命令は省令という。内閣から独立した行政委員会が作るルールは規則と呼ばれる。これとは別に、衆議院・参議院や裁判所も、規則を制定することができる。

条例は、地方公共団体が定めるルールである。法律を実施するためでなくても、また、法律の委任を受けなくても、地方公共団体は自主的に条例を制定することができる。ただし、法律や命令に違反する内容の条例は、無効である（憲法94条）。

裁判で争った。

さて、皆さんはこの事件を、今まで説明したような憲法のロジックによって、人権問題として説明できるだろうか。ちょっとだけ立ち止まって考えてみて欲しい。

答えは、次のようになる。

検察官は、「公務員の政治的行為を処罰することは公共の福祉の範囲内にあり、したがって国家公務員法の規定は合憲、だから被告人を処罰することも合憲」と考えているわけである。これに対して被告人側のロジックは、「公務員の政治的行為を処罰することは公共の福祉を超えており、したがって国家公務員法の規定は違憲であり、処罰の法的根拠は無効であるから、自分は無罪」というものになる。

7　違憲審査基準論

それでは、裁判所はどのように国家公務員法の規定の合憲性を判断すればよいのだろうか。第1の方法は、争われている人権の種類·性質や人権制限の方法に着目してパターン化（類型化）された枠組み（**違憲審査基準**）にのっとって、裁判官は判断しなければならない、というものである。これは、**二重の基準論**とも呼ばれ、憲法学者の間では広く支持されている。

もう少し具体的に説明しよう。一般的な違憲審査基準としては、立法がやむにやまれぬ利益を追求する目的でぴったり刈りそろえられた（narrowly tailored）手段を取っていることを要求する**厳格審査**、重要な利益を追求する目的で必要かつ合理的な手段であることを求める**中間審査**、正当な目的を達成するために合理的な手段であれば法律を合憲とする**緩やかな審査**の三段階がある（⇒❹❼）。さらに、せん動規制に対する**明白かつ現在の危険の基準**など、特別の審査基準が確立した領域もある（⇒❼）。

そして二重の基準論（⇒46頁❼⇨3）によれば、裁判所は、経済的自由権を制限する立法については、立法の合理性を支える事実（立法事実という）があるものと推定して違憲審査を行うべきである（**合憲性推定の原則**）。これに対して、表現の自由をはじめとする精神的自由権を制限する立法に対しては、裁判所は立法事実が存在するかどうかを立ち入って審査すべきだ、とされる。

二重の基準論を代表する研究者であった芦部信喜は、合憲性推定の原則が働くかどうかと、違憲審査基準とを組み合わせて、図のような違憲審査基準論を説いてきた。

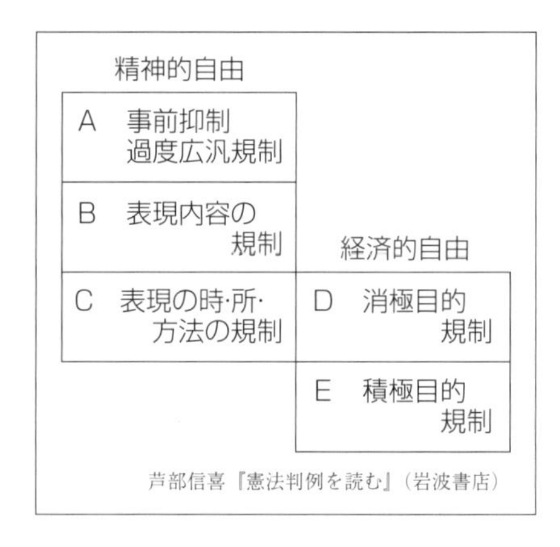

芦部信喜『憲法判例を読む』（岩波書店）

それによると、表現内容規制（B）は合憲性推定の原則が働かず厳格審査基準で判断されるので、ほぼ違憲になる（命取りのテストともいう）。これに対して、経済的自由の積極目的規制（E）は、合憲性推定の原則の下で、一見して規制が不合理であることが明白な場合を除き、合憲となる（明白の原則）。表現内容中立規制（C、ＬＲＡの基準）と経済的自由の消極目的規制（D、厳格な合理性の基準）の合憲性は同じ中間審査で判断されるが、表現内容中立規制に対する審査の方が、立法事実に立ち入った審査が必要なので、実際には厳しい審査となる。さらに、立法事実に基づく審査とは別に、裁判所は、表現の自由を規制する法律が不明確でないか、過度に広汎でないか等を、審査しなければならない（A、文面審査）。

もっとも、現在の学説は、違憲審査基準を機械的に当てはめて人権問題を解決することには、以前よりも慎重になっている（⇒❶）。

堀越事件の場合には、表現の自由という重要な人権が、表現行為の内容が「政治的」かどうかという方向から制限されているため、厳格審査基準が採用されることになる（⇒❼）。それによると、国家公務員法の規定が合憲となるのは、**やむにやまれぬ政府利益**を実現するために、必要最小限度の規制手段を用いている場合に限られる。しかし、堀越さんのポスティングによって、公務員の職務が政治的に偏向する等の事情は見られないので、国家公務員法の規定は違憲であり、堀越さんは無罪、ということになる。

8 総合的比較衡量

第2の方法は、このようなパターン化された枠組みによらず、裁判所は、人権制限ごとに、その制限によって得られる社会的な利益と、制限によって失われる利益とを、総合的に比較衡量して、その合憲性を判断すればよいというものである。

堀越事件の場合には、国家公務員法の規定は、公務員の職務の中立性を確保するという利益と、公務員の表現の自由という利益を比較して、どちらがより重いかによって、合憲か違憲かの結論が出ることになる。

最高裁は、一般に、この第2の**総合比較衡量**の方法を好んで用いる。それは、裁判所が具体的な事例ごとに柔軟に結論を出すことができるからである。実際に、堀越事件の最高裁は、この方法をもちいて、国家公務員法の規定を合憲と判断している。ただ、総合的比較衡量と違憲審査基準論は必ずしもお互いに排除し合うものではない、と考えられている。最高裁も、総合的比較衡量の中で、学説が説く**「LRA の基準」**などの違憲審査基準を、いわば補助的に使うこともある、と説明されている。

♪ ♪ ♪ ♪ ♪ ♪ ♪ ♪

このプロローグを読んだみなさんは、人権問題がどのように現れるのか、そしてどのように解決されるのかについて、ひととおりの見通しを持つことができたはずだ。まだ漠然としたイメージしかわかないかも知れないけれども、それはまだ、入り口で地図を手にもっている段階にいるからだ、と思っておいてほしい。

次のページからは、いよいよ本格的に、人権の世界にみなさんをご案内しようと思う。

法の解釈

法は、社会生活で生じる紛争を解決し、あるいは予防するためのルールである。

多種多様な紛争を解決するための基準であるから、法令の条文は、どうしても、一般的で抽象的なことば（文言）で書かれざるを得ない。そこで、目の前の紛争に法を適用して解決する場合には、法の意味を具体的に明らかにする作業が必要になることがある。この作業のことを、**法解釈**という。法律家（裁判官、検察官、弁護士）は、法解釈のプロフェッショナルである。

たとえば、堀越事件の場合には、国家公務員法の「政治的行為」という文言の意味が問題になった。最高裁は、この文言の意味は、広く政治的な活動一般ではなく、「公務員の職務の遂行の政治的中立性を損なうおそれが、観念的なものにとどまらず、現実的に起こり得るものとして実質的に認められる政治的行為」に限られる、と解釈した。これは、法律の形式的な文言、字面を重視するのではなく（このような解釈の方法を**文理解釈**という)、なぜ法律がこのような規定を置いているのか、その実質的な理由（趣旨）にさかのぼって、文言の意味を明らかにする解釈手法（**趣旨解釈**）をとったものである。このような解釈により、堀越さんのポスティングは、政治的中立性を損なうおそれが実質的にも認められないとして、無罪となった。

法解釈は、法を適用して紛争を解決するという司法権の作用に不可欠のものである。したがって、司法権を担っている裁判所の法解釈は、国会や内閣の法解釈に優先する。とりわけ、最高裁判所の法解釈は**判例**と呼ばれ、法の世界では重要な重みを持つ。この本が、人権に関する多くの判例を取り扱っているのも、そのためである。

憲法は私たちの「人権」をどのように守ってくれるの？

▶人権を考えるための基礎知識

1 「人権」を尊重するって簡単に言うけれど

(1) 近代立憲主義と基本的人権の尊重

これから、人権を勉強しようとする初学者の皆さんへ。まず、箪笥に仕舞われた——まだ、箪笥に仕舞われていない——中学・高校の公民系、そして世界史・日本史の教科書を引っ張り出して、まず公民系ならばプラトン、ホッブズ、ロック、モンテスキュー、カントあるいはミル等の政治思想の解説に目を通してみよう。次に、歴史系ならば、特に16世紀以降の西欧史、明治維新以降の日本史の流れをストーリー仕立てで概要を把握してみよう。そうすると、これらのバラバラの学問が、実は繋がっていることが理解できる。このような文脈（コンテキスト）で、日本国憲法は西欧流の**近代立憲主義**[1]に基づくものに分類される。そして、わが国の現行憲法が規定する人権は、この近代立憲主義という枠内で保障され、その思想に基づくルールで解釈・適用されている。

それでは、近代立憲主義とは何か。これについて、憲法学者の意見の間に大きな相違はない。したがって、高橋和之の説明を借りるならば、以下のものになる。立憲主義とは「政治は憲法に従ってなされなければならないという思想をい」い、「人権保障と権力分立の原理に支えられたものでなければならない」と考えられている。

例えば、1789年のフランス人権宣言16条が「権利保障が確保されず、権力分立が定められていない社会は、すべて憲法をもつものではない」と規定していることは、この立憲主義の典型的な宣言である。

さて、皆さんは、すでに公民で**日本国憲法の三大原理**[2]（原則）を学習済みである。例えば、公民の指導書によれば、三大原理とは「国民主権」、「基本的人権の尊重」および「平和主義」と書かれている。まず、このことを前提にして、三大原理の中での「基本的人権の尊重」の位置づけを考えてみよう。ところで、そもそも近代立憲主義憲法の原理というものは、この三大原理に限定されるものなのか。ここら辺りを疑えれば、実は法学的センスがある。ちなみに、日本と同じ近代立憲主義に基づくドイツ連邦共和国の憲法においては「基本価値」として「自由の原理」、「民主制原理」、「人権・基本的自由尊重の原理」および「法治国家の原理」が挙げられ、必ずしも数をはじめとして日本国憲法の三大原理と一致するわけではない。では、日本国憲法の原理としていまだ「法治国家の原理」が採用されていない、あるいは、「法治国家の原理」が三大原理に比べて劣っているのか。また、「権力分立」はどうなのか。実は、三大原理は講学上、つまり教える便宜上列挙されているだけで、「法治国家の原理」や「権力分立」も三大原理に劣らず重要な原理である。なお、三大原理の法的意味合いは、これらの原理については本質的な

➡1 近代立憲主義
フランス人権宣言16条で示されているように、近代立憲主義は国民の権利・自由と、それに対抗する国家の権力の構成・行使の在り方の双方の規定を、その骨子とする。ドラえもん（藤子・F・不二雄原作の漫画作品）で例えると、例えば、われわれがのび太（国民）であり、生存戦略をはかるとすれば、いじめっ子のジャイアン、スネ夫、出木杉（国家権力：立法、行政、司法）を仲間割れさせることが得策である。ドラえもんの登場人物は、その版あるいはマンガとアニメでキャラクターが異なるので、大きな分類で考えてもらいたい。
C・シュミットは、以上のことを市民法治国家の基本的配分原理と呼び、「個人の自由の領域は原則として無限定であり、国家の権限は原則として限定されている」とした。（立憲主義につき⇒2頁プロローグ**2**）

➡2 憲法改正の限界と日本国憲法の三大原理
憲法改正には、条文の変更を行う狭義の「憲法改正」と、条文の変更を行わず、解釈の変更をおこなう「憲法変遷」がある。法実証主義の立場からは「憲法改正無限界説」が主張されることもあるが、わが国の学説では三大原理は改正・変更できないという見解が有力である。近時、憲法改正手続（96条）の改正の限界も議論されるようになっている。

➡3 価値相対主義
近代市民社会成立以降、国家や教会等の権威が「何が正しいのか」を教えてくれる時代から、個人は解放されたのである。そこでは、「個人は真の宗教だけではなく、いかに生きるのかをも、自ら選ばなくてはならない。」しかし、並存する価値からの選択は現実には「個人」にとって厳しい。ドイツにおいては、これに対処するためにワイマール期、R・スメントが「統合理論」を提唱したり、1960-1970年代、政党間で「基本価値論争」が議論された。日本においても、芦部信喜の審査基準

改正は許されないという学説上の合意が存在する点にある。

次に、この三大原理の序列は歴史的に変遷を経ている（⇒コラム1、2）。もちろん、このような序列づけは無意味だと主張することは可能である。その場合には、M・ヴェーバーの「**価値相対主義**[3]」を持ち出すとよい。

⑵ 「人権」とは何か

まず、人権とは「人間が生まれながらに有する権利」である。しかし、この「権利」なることばを皆さんは、本当に理解しているのか。ここで、明治翻訳事情と絡めて「権利」という訳語の成立を見てみることとする。そもそも、「権利」たる概念は明治維新前後まで、わが国に存在していなかった。この語は、Right の翻訳である。まず、Right を「権利」と訳したのが西周である。そして、この翻訳を批判したのが福澤諭吉であった。福澤は、Right の翻訳に「通義」の訳語を当てた。福澤の反対理由は、「天ノ人ヲ生ズルハ億兆皆同一轍ニテ、之ニ附与スルニ動カス可カラザルノ通義ヲ以テス。即チ其通義トハ人ノ自ラ生命ヲ保持シ自由ヲ求メ幸福ヲ祈ルノ類ニテ、他ヨリ之ヲ如何トモス可ラザルモノナリ。人間政府ヲ立ル所以ハ、此通義ヲ固クスルタメノ趣旨ニテ、政府タランモノハ其臣民ニ満足ヲ得セシメテ真ニ権威アルト云フベシ」という米国独立宣言の文章の翻訳にあらわれている。そして、福澤は『学問のすゝめ』で「権理通義」と表現するようになった。福澤訳「権理」は**自然法思想**[4]に沿ったものである。その対比として、西訳「権利」は**法実証主義思想**[4]に沿ったものである。ところで結局、「権利」であろうと「権理」であろうと、「権」の字は残った。実は、これが重要なポイントだ。なぜならば、「権」の語源、それは「量りの分銅」のことを意味するからである。すなわち、利益にせよ、理（ことわり）にせよ、「権利」には量りにかけて重きをとるという意味が組み込まれた。これは、「**衡量**（balancing）[5]」として今日も人権の調整、特に「**公共の福祉**[6]」の説明ために使われている。このように、「人権」は人の「権利」ということになり、その中には自然権としての「人権」と、実定法としての憲法によって保障された「権利」がある。そうであれば、人

論は「基本権価値のランク秩序」に依拠している、とされる。

4 自然権思想と法実証主義
――「神」の法から「紙」の法へ

自然権思想は、中江兆民の「天賦人権」思想にあらわされているように、人間は生まれながらにして、人権をもっているという考え方である。しかしながら、果たして神様、あるいは天が人権を与えたとしても、その神や天の声を聴くことはできない。そうであれば、この声が聴けないのを良いことに、結局は権力者が恣意的にこれは人権だ、これは人権ではない、と決めてしまう可能性がある。そんなわけで、国民の代表の立法者が人権を法定化したものを人権とするという、法実証主義が主張されたわけだ。しかし、ナチスドイツや戦前の日本は法律によって反対者や、弱者をある意味で合法的に葬ったのである。この反省から、戦後は通常法よりも、高い地位にある憲法があり、憲法に違反する法律は違憲・無効とする違憲審査制度が近代立憲主義国家に広がってきた。

5 衡量（balancing）

法的価値は法規範によって体現されるのであるから、この衡量は「規範と規範の衡量」である。これは、「ノンフィクション逆転事件」のように「権利と権利の衡量」を行う場合と、「景観条例事件」のように「権利と社会的利益の衡量」を行う場合が考えられる。

人権の衝突が避けられない以

ホッブズとカントから「基本的人権の尊重」と「平和主義」を考える①

まず、ホッブズは彼の時代としては驚くほど長生きした人物であった。そのために、彼はイングランドにおける2つの戦争・内乱を生まれた時、そして晩年に経験することになる。彼が母親のお腹にいた時、いわゆるイングランドにスペインの無敵艦隊が攻めてきた。このトラウマから、成人したホッブズが外国による国家の平和の破壊の恐怖を念頭にして執筆したのが『リヴァイアサン』である。問題は彼が晩年、後のチャールズ2世の数学家庭教師の時、ピューリタン革命が発生して、王政が倒れたことである。この衝撃は大きく、彼が内乱による国家の破壊の恐怖を念頭に執筆したのが『ビヒモス』である。両書において、彼は以下のような社会契約を考えた。すなわち、人間は生まれながらにして自由で平等である。しかし、自由で平等であるがゆえに殺人の自由も、また反撃する自由も認められ、契約を結ぶ前の「自然状態」においては「万人が万人に対して狼」である悲惨な人間関係に陥る。これを回避するために、ホッブズは、人間は本来的に暴力を行使する自由を有しているが、それを一旦、全部国家に委譲するべきだ、とする。そうすれば、誰も他人に対して暴力を振るうことはない。では、この契約者の中で約束を破って暴力を振るう者が出てきた場合にどうするのか。その時はじめて、国家は契約を結んだものから一括して委譲された「暴力」を組織化した軍隊、あるいは警察を使ってこの契約違反者に制裁（サンクション）を加える。このように、彼は国家設立による平和こそ必要であり、そもそも手段であった「平和」そのものを自己目的化した。

出典 Behemoth or The Long Parliament by Thomas Hobbes University of Chicago Press, 1990.
（下の鰐のような海の怪獣がリヴァイアサン、上の河馬のような陸の怪獣がビヒモス。両方とも、旧約聖書に出てくる七つの大罪を司る悪魔。）

権には大別して「人権」と「憲法上の『権利』」[7]の2つがあることになる。

さらに話を続けると、Right やドイツ語の Recht は「右、正しい、法、権利」の意味であることが、翻訳上、日本と欧米でその意味のギャップを生む。すなわち、これらに「客観的」という形容詞がつけば「法」であり、「主観的」という形容詞がつけば「権利」ということになる。したがって、実は欧米では「法」と「権利」の区別があるわけではなく、ただ「主観法」と「客観法」の区別のみがあるとも言える。では、この区別が現行の法制度において無意味な議論であるのか。答えは NO である。なぜならば、わが国は付随的違憲審査制（憲法 76 条と 81 条の包摂関係）を採用しているので、主観的権利が関係する具体的訴訟事件が提起されなければならないからである（原告適格・当事者適格の問題）。これに対して、一般論として「人権が危険に晒されている、あるいは憲法が危険に晒されているのに、当事者でなければ違憲を争えないのはおかしい」と批判したいことは理解できる。しかし、なんの法律上の利益も有しない者まで訴えを認めてしまうと、実は本当の法律上の利益を有する当事者の自律性やアイデンティティを無視することにもなりかねない（例えば、和解しているのに、正義の議論が尽くされていないから戦えと言えるのか）。

近年、ドイツの学説に倣って、わが国においても人権条項の客観法的内容を検討しようとする研究傾向が見られる。

2 人間だから「権利」がある?――「人権」を基礎づけるものとは何か

近年、日本の捕鯨やイルカ漁を中心として、あるいは『寄生獣』や『進撃の巨人』のアニメ化や映像化を通じて、フランス啓蒙期から大革命期にかけての理性万能主義的な「人権」の基礎づけ、あるいはそれ以前からあった「人間の尊厳」に基づく基礎づけに疑問が投げ掛けられている。そこで、諸説考えられるが、私は以下の基礎づけ論を採る。

ここでは、R・アレクシーの討議理論、あるいは**相互承認理論**[8]を支持すると答えておく。なぜならば、もし、わたしが「お前の人権は認めないが、お前は俺の人権を認めろ」と言ったとすれば、相手方である皆さんが、わたしの人権を承認するとは思われない。当然のことながら、このような場合は、ジャイアンではないのだから、わたしも、他者の皆さんもお互いの人権を認め合ってはじめて、その人権が認められることになる。合理的なプロセスを経て、ルールの正当性･合理性は形成され、確保される。そのためには、個々人の自律性が保障されている必要があり、さらに人権の保障が必要とされる。

もっとも、人権の基礎づけに関して、私見を含め「神の似姿」、「人間の尊厳」、「人間理性」、「功利主義」あるいは「進化論」のいずれを主張しても、赤坂正浩が指摘するように、万人を説得させることができるのか疑わしい。ここでは、「近代立憲主義」の立場から、あえて何が善き説明方法なのかについてはペンディングするので、皆さん各自に考えてもらいたい。

3 人権と国家――国家は国民の敵か友達か

樋口陽一によると、近代立憲主義国家の特徴は「個人を抑圧する身分制社会という社会の編成原理そのものを、考えの上で……否定する、というところに」ある。つまり、それまでの封建社会においては人は、それぞれの身分制秩序の中に組み込まれたかぎりにおいて存在していた。そして、この身分

上、その解決のために「論証と反証のゲーム」である比較衡量を用いなければならない。ある学説は、「価値序列を相対化したうえでの個別的衡量は、結局は裁判所の直観と前理解に左右される危険性がある」と批判する。なるほど、人権にA、B、Cとランクがあれば、人権Aと人権Bの衝突はこの優先関係に従って解決されれば良く、そこに裁判所の恣意が入り込む余地は無いように思われる。しかし、「人権を制約できるものは人権である」という定式に従えば、人権の制約を正当化する人権を示さなければならない。そのためには、人権Aを基礎づける原理と、それを制約する人権Bの原理の比較衡量は不可欠である。その点で、2020（令和2）年のコロナウィルス対策における緊急事態宣言は古くて新しい問題を提示するものである。

6 公共の福祉

人権の制約として、「公共の福祉」が語られる。人がひとりで生活していない以上、漠然とした「公益」による人権制約は認められないが、「基本的人権相互の矛盾・衝突の公平な調整」はあってしかるべきであろう。このことを前提とした上で、次に例外として「パターナリスチックな制約」、「調整問題の解決」あるいは「公共財の提供」の問題が語られるべきであろう。なお、これとの関係でさらに「内在的制約」と「外在的制約」の関係で「一元」説と「二元」説の問題や、人権の保障領域に関して「一段階画定」と「二段階画定」の問題が語られる。

7 人権と「憲法上の『権利』」

ここでは、前者を前国家的な自然権としての人権と考え、後者を実定法上規定された「憲法上の『権利』」と考えてもらいたい。

8 相互承認

こちらも1と同じくドラえもんで例えるならば、以下のようになる。

ジャイアンの「のび太のくせに生意気だ！」という台詞は、彼の「お前のものは俺のもの、俺のものは俺のもの」とならんで、のび太の人権を無視した問題発言である。「メガネをかけているから生意気だ！」と言うのならば、のび太はコンタクトにしたりして改善することができるが、「のび太のくせに生意気だ！」と言われてしまえばのび太はのび太以外のなにものかに成らなければならない。これを討議理論に即して説明すれば、ジャイアンの発言は「ある主張の理由づけが不十分なのに、対

制秩序から人一般という個人が解放されたことが重要である。とにかく、身分社会においては個人の上に国王だけではなく、教会や貴族、はたまたギルドや家族という「中間団体」が何重にも「重し」として載っかっていた。では、この中間団体がなくなればどうなるのか。それは、「人権」の担い手である個人と「主権」の担い手である国家が二極構造として直接に対峙することになる。ここではじめて、「人権」は**国家に対する権利**[9]となった。したがって、個人たる「国民」と「国家」は対向的関係にあるわけなので、「敵」とまで言う必要はないが、真の意味での「友達」とは言えない。そう考えると、どうして「国家からの自由」、「国家による自由」および「国家への自由」を初等・中等教育の社会で学んだのか、合点がいく。反対に、政治家が「日本は義務の規定が少ないので、義務の規定を増やすように憲法を改正すべき」と言っているのが、ナンセンスであることも分かる。なぜならば、憲法は国民の生命・自由・財産を守るために、国家・政府を縛る必要があるからだ。上述の政治家のような発言は、憲法上の権利義務の名宛人を間違えている。その歴史的実例を端的に示しているのが、初期フランス憲法やアメリカ合衆国憲法が人権条項を置かなかった事実である。国家あるいは連邦は与えられた権限以外のことはなしえないと理解されていたからである。このように国民の自由領域を画定することによってではなく、統治機構条項を手続的ルールによって統制することによって人権の保障がはかられたのである。

(1) 人権と裁判所

人権の保障は、裁判所の救済を伴ってはじめて実効的保障を獲得することができる。裁判を受ける権利が重要なのはそのためである。したがって、判決には執行力が伴う。まさか、裁判で「あなたの主張する○○権は認められました。よかったですね。パチパチパチ」で終わってしまうのなら、新世紀エヴァンゲリオン最終話のようになにか話をはぐらかされている。また、判決に至るまでの過程を明らかにするためにも、裁判には執行力が伴い、ゲームの公正さを担保しなければならない。特に人権の機能的解釈は、規範構造

話相手が自分より劣っているということで、反論を認めないことになり、真のコンセンサスが得られず」、カント型の人権の基礎づけに反することになる。

➡9 人権の対国家性
まず、人権の中で「真性の基本権」であるのは「自由権」である。なぜならば、天賦人権である人権は、国家の存在を前提としない以上、「国家からの自由」であることは容易に想像されるからだ。ここでは、権利の命題を「RabG」と記号化した上で説明を加える。この命題記号を「aはbに対して、あることGを求める権利Rがある」とするならば、人権は「個人aは国家bに対してGを求める権利Rがある」ということになる。そして、「義務論の方形」によれば、この権利と対になるのが、それに対応する国家の義務ということになる。もし、aもbも個人であれば、それは「私法上の権利」関係ということになり、「私人間効力」の問題である。「私法」というゲームに、「公法」というゲームのカードは使えない。このように、誰が、誰に対して「権利」を持っているのかということを明確にする「名宛人」については注意が必要である。

ホッブズとカントから「基本的人権の尊重」と「平和主義」を考える②

これに対して、カントはある物事を考えるに際して、常に「目的」と「手段」の関係に配慮することを強調する。この考えは、「人間はそれ自身が常に目的として取り扱われるのであって、決して手段として取り扱われてはならない」(定言命法第2定式) に要約される。具体例として、皆さんが第二次世界大戦末期に生きており、召集令状を受け取り航空部隊に配属され、飛行訓練を続けていたとする。そんな時、上官から呼ばれて「明朝、戦闘機に乗って敵航空母艦に神風攻撃をしてくれ。お前の死は無駄ではない。それによって戦局が逆転し、わが国は絶対に勝つ」と言われたらどうか。皆さんなら、この命令を聞けば、そんな馬鹿な命令は聞けるかというに違いない。なぜならば、功利主義的な計算を除外しても、自分が国家存続のための手段として死ぬことは御免であるという感情を持ち合わせているからだ。つまり、国家なるものは自分たちが自らの生命・自由・財産(プロパティー)を守るという目的のための権力装置として設立されたはずなのに、なぜ主客が転倒して手段のために目的たる自分の諸利益を犠牲にしなければならないか、疑問に感じるからだ。このようにして、カントは自殺（自殺すると人は物になる)、売春（売春は自分の商品化）あるいは嘘（自分をごまかし、自律性を損ねる）を否定する。この点を留意して、カントの『永遠平和のために』を読んで欲しい。

(カントの肖像)

なお、フランス革命期における個人の利益と社会的利益のシビアな対立を知るために、アンジェイ・ワイダ監督の「ダントン」(1983年) を観ることをおすすめする。

解釈に比べてこの過程におけるブラックボックス化の問題が出てくる虞がある。それを防ぐ制度が対審構造であり、それを担保する権利が裁判を受ける権利である。

⑵ 人権保障とカルピスの密度

まず、**人権の保障**は「量」よりも「**質**[10]」であることを理解しておく必要性がある。言い換えるならば、保障に資する「密度」の問題である。かつて、「新しい人権」(⇒21頁❸2)との関係で奥平康弘は「人権のインフレ」の問題を指摘した。あるいは、ドイツではCh・シュタルクが「グロテスクな権利」の問題を提起した。これは、以下のように解釈すべきである。いくらカルピスが好きでも、カルピスの原液を買ってきて、キャップ一杯の原液をバスタブに入れて水で薄めても美味しいはずがない。カルピスを美味しく飲むためには、カルピスウォーターぐらいの原液と水との割合が適量であろう。反対に量を増やせば、それだけ制約がかかる可能性が増えるということを考える必要性がある。また、人権を「切り札」と考えるときに、すべての人権を同じ強さの「切り札」としてしまうことも、これまた問題である。カード・ゲームの「大富豪」において1番強いカードがジョーカーや2に限定されているからこそ、ゲームの勝敗がつくし、また面白さがあるのであって、すべてのカードが「切り札」であるとすれば収拾がつかない。裁判もゲームである(⇒コラム3)。

⑶ 人権と裁量の問題

すでに、近代立憲主義憲法は、国家権力の恣意的な**裁量**[11]を規範的に縛ることは説明した。したがって、「国家からの自由」である自由権が原則であり、「国家による自由」である社会権はそれを補完するものである。なぜならば、「国家からの自由」は国家に不作為を要求するものだからだ。例えば、「殺すな」という命令はどんな手段であっても殺してはならないのであり、そこに選択の余地はない。これに対して、「国家による自由」は国家に作為を要求するために、事情が異なってくる。「川で溺れている子どもを助けろ」という場合には、この命令を実現するための選択の手段が広がる。泳ぎの得意な者ならば泳いで助けるかもしれない。河原にあったタイヤを投げて助けようとするかもしれない。携帯電話で救助隊を呼ぶかもしれない。このように、命令の名宛人に広い裁量の余地を与えることになる。また、過度なパターナリスチックな援助は個人の自律性を損ねる危険性がある。

⑷ 民主政と人権

民主政は必ずしも人権に適合的ではない。G・イェリネックが『少数者の権利』を書いているように、実は人権の多くは「**少数者の権利**[12]」に由来する。そもそも、多数者の側の人権が民主主義的多数決によって制限され、否定される危険性はあまり考えらない(反対に言えば、各国の憲法で厚く保障されている人権は、その国で守られてこなかった「黒歴史」である)。むしろ、多元的社会のなかでは、異なる意見を討議によって戦わせることができる「討議空間」を構築する必要がある(違憲審査制度を含めた司法権)。

⑸ 違憲審査と人権の分類

まず、わが国の人権は、G・イェリネックの『公権論』の分類を参考にして、「受動的地位」=義務、「消極的地位」=自由権、「積極的地位」=社会権、「能動的地位」=参政権の4つに分類される。しかし、わが国の学説はイェリネックの分類を、そのまま採用しているのではなく、それを「換骨奪胎」して採

⇒10 人権の「質」と「量」

人権の規定および保障は「量より質」である。もし、保障範囲を広げたとしても、そこで保障される人権が「一応の権利」で、後から、その行使の段階で大幅に「制約」をされるのであれば、「朝三暮四」である。一点付け加えるならば、この「質と量」の問題は、違憲審査(統制)基準の密度(ディヒト)の問題と大きな関係がある。詳細は次章以下に譲るが、イメージしてもらうならば感覚点である「痛点」と似ている。

すなわち、センシティブなところには厳密な審査をおこなうということである。

⇒11 人権の種類と裁量

人権を考える際、以下の四段階が考えられる。①人権の基礎付け、②人権の分類、③人権の司法審査基準、④救済方法。しかしながら、これらはまったく別々に学説上展開されてきたので、全体的に整合性が取れている理論は何か、答えることは難しい。ここで注意する必要があるのは、②と③を安直に結びつけ、「「○○権」が問題となっているから、「●●の基準」を当てはめよう」としてはならないことである。

このことを前提とした上で、わが国においては人権の種類として「国家からの自由」=「自由権」=「防禦権」、「国家による自由」=「社会権」≒「配分請求権」、「国家への自由」=「選挙権」=「公務就任権」という分類がなされている。言うまでもないが、「自由権」が原則であり、「社会権」は、それを補完するものである。

ところで、国家権力、ここでは立法、行政、司法の裁量と人権は相関関係にある。本文に説明したように、裁量する側に選択肢を多く与えれば裁量権が広がるし、選択肢を少ししか与えなければ、裁量する側の裁量権は狭まることになる。この法律の構造の仕組みが分かれば、司法権の限界としての立法裁量や行政裁量の説明も理解しやすい。

用している（学説的には、イェリネック分類にH･ケルゼンの分類が挟み込まれる）。石川健治によれば、フランス革命以降、主権国家は「家父長」を中心とした「身分」を解体し、市民の「地位」に再編成したとされる（対比として、村上淳一『ドイツ市民法史』を参照してみよう）。それゆえに、わが国の理論とイェリネックの理論の間の「地位」にずれが生じる。また、前述のように「中間団体」を排除したのであるから、イェリネックの分類に「平等」が見られないのは、当然である。なぜならば、このような過程で生まれた「市民」は本質的に「自由かつ平等」だからだ。むしろ、ここで問題なのは、既存の地位が「単なる自由の地位」以降、玉突き衝突的にズレたために、「裁判的救済」を伴わなくても「権利」と呼んで差し支えないとされた点である。

このことが問題であると意識された以上、違憲審査と人権の分類の検討は必要不可欠である。なぜならば、違憲審査権と人権保障は密接な関係があるからだ。すなわち、違憲立法審査権は人権保障の実効性を強化するからだ。当然、すべての人権に関して一律に、1つの審査基準で判断して良い訳ではない。高橋和之は、この分類を更に「審査基準を基礎とした分類」と「審査方法を基準とする方法」に分ける。ここでは､後者の問題のみを取り上げる。

憲法の規定する人権には以下の2つがあるとされる。1つは、「内容確定型人権」と言い、精神的自由権のように、その保障内容が憲法上確定されている人権である。もう1つは、「内容形成型人権」と言い、生存権のように、その保障内容が憲法上完全には確定されておらず、多かれ少なかれ法律による確定に委ねられた人権である。前者の人権は憲法上保護範囲が決まっているので、問題は当該法律が人権を制約しているか、あるいはその制約が正当化可能かどうかということに収斂する。これに対して、後者の人権は、第一次的に憲法がその内容形成を法律に委ねているので､立法裁量の問題となり、原則的に裁判所が憲法解釈権を口実に内容形成を行うことは許されない。これが許されるのは、立法府が憲法により与えられた立法裁量権を逸脱した場合、あるいは濫用した場合に限られる。

➾12 少数者の権利 ―いわゆる「黒歴史」について

その国の憲法の人権条項を読めば、その国のいわゆる「黒歴史」を知ることができる。具体例として、なぜ、ヨーロッパの憲法において「宗教の自由」や「信仰の自由」が重要なのかと言えば、それはヨーロッパでは絶えず宗教戦争が起こっていたからだ。アメリカ合衆国憲法が修正条項で「平等」を厚く保障するのは、南北戦争終了までの黒人奴隷を認めてきた歴史があるからだ。日本国憲法において、31条以下の刑事手続規定が詳細なのは、治安維持法等とは別に、糾問主義に基づく自白偏重等による被疑者の取調べが認められていたからだ。このような文脈で、改宗ユダヤ人であるG･イェリネックの『少数者の権利』を読むと良いだろう。最後に、人権の考察においては少数者の権利のみならず、その権利の脆弱性も大きなファクターとなる。

コラム3 裁判とゲーム

当然のことながら、「逆転裁判」の内容のような裁判が現実に行われているわけではない。しかし、裁判において使用できる手駒は、ゲームと同じように一定のルールに拘束されている。したがって、ゲームのルールにそぐわないカード（証拠・証人）は使えない。ここでは、あえて証拠品や証言をよく考えた上で、自らの主張の『パンチ力』を決定的にすることを指摘しておきたい。すなわち、どんな主張でも良いというわけではなく、ゲームのコマンドである「ゆさぶる」や「つきつける」を有効に使って、「異議」を申し立てなければ、御剣のような優秀な検事に勝てないことを理解すること。

なお、「逆転裁判」シリーズ以外にも、「ゲームで裁判員！～スイートホーム炎上事件～」（無料オンラインゲーム）や「THE　裁判員～1つの真実、6つの答え～」などは､裁判のゲーム性を理解するのに役に立つ。

パパは「日本人」なのに、僕は「日本人」ではないの？

▶人権享有主体

設例 日本人男性であるAさん（35歳）は、結婚はしたくないが、自分の子供はもちたいと考えていた。そこでAさんは、卵子バンクを通じて日本人女性Bさんの卵子を入手し、自分の精子と体外受精をした上で、タイに渡航して現地の女性であるCさんに**代理母出産**[1]を依頼した。Cさんは無事に子供D君を出産し、Aさんに引き渡したが、D君には日本国籍が認められないということで、日本に連れて帰ることができず、Aさんは困惑している。

みなさんは、外国に行くときにはパスポートが必要なことをご存じだろう。パスポートは、国籍国が国民の身分を保障するものである。**「日本人」であるとは、日本国籍をもっているということであり**[2]、パスポートは、この人がたしかに日本人だということを証明するものである。外国人が日本に入国するためにも、国籍国のパスポートが必要である。D君は日本人の子供なのに、なぜ日本国籍が認められず、日本のパスポートをもらえないのだろうか。

1 「日本人」にはどうしたらなれるのですか？

日本では、国籍は血統主義をとっており、親が日本人なら、子供は日本国籍を与えられる。昔は、父親が日本人である場合のみ子供に日本国籍を与えていた（男系血統主義）が、これは男女の平等に反するとして、1984（昭和59）年に国籍法が改正され、父親か母親のいずれかが日本人であるときに、子供に日本国籍を与えることとした（男女両系血統主義）。

これに対し、アメリカなど、親がどこの国の人であっても自国で生まれた子には国籍を与える、という出生地主義をとる国もある。この結果、日本人夫婦のあいだにアメリカで生まれた子は日本国籍とアメリカ国籍を持ち（重国籍）、アメリカ人夫婦のあいだに日本で生まれた子はどこの国籍も与えられない（無国籍）ことになる。ある国の国籍を持つということは、その人の権利をその国が責任を持って保障する、その人が外国にいる時にも国籍国が保護してくれる（外交的保護）、同時にその人はその国に対して国民としての義務を負う（納税や選挙、場合によっては兵役など）、ということなので、**重国籍**[3]や無国籍は望ましくないとされてきた。日本の国籍法では、重国籍の場合には国籍の選択をさせ（14条）、無国籍の場合（2条3号。父母がともに知れないとき・無国籍のとき）には日本国籍を与えることとしている。

さて、**設例**[4]では、D君の遺伝上の両親（Aさん、Bさん）はどちらも日本人だが、D君を産んだCさんはタイ人である。この場合、日本の民法によれば（⇒コラム1）D君はCさんの子供となり、AさんはCさんの夫ではないのでD君の父と認められない。つまり、D君はAさんともBさんとも法律上は親子関係になく、日本人の子ではないことになる。D君をAさんの子供とする

1 代理母出産
受精卵を第三者女性の子宮に移植し、妊娠･出産してもらうこと。妊娠・出産に伴う母体の危険や引渡しをめぐるトラブルなどを懸念して、日本では認めるべきでないという考え方が強い。設例のように外国に行って代理母出産を行う生殖ツーリズムは、現地女性の搾取であるとの批判もある。タイでは2015年にタイ人以外の依頼による営利目的の代理母出産は禁止された。

2 国籍法
日本国憲法第10条の委任により、日本国民たる要件を定める。国籍の生来的取得および後天的取得（帰化）、国籍喪失等についての規定がある。

3 重国籍
2つ以上の国籍をもつこと。近年は国際結婚も増加しているので、両親の国の国籍を子供が持つことや、配偶者の国籍を取得することを容認する考え方も世界的に広まってきており、EU諸国などでは重国籍が認められている。日本では、外国籍を取得すると自動的に日本国籍が剥奪されるが、これは人権侵害であるとして現在裁判が起こっている。

4 設例の法的親子関係

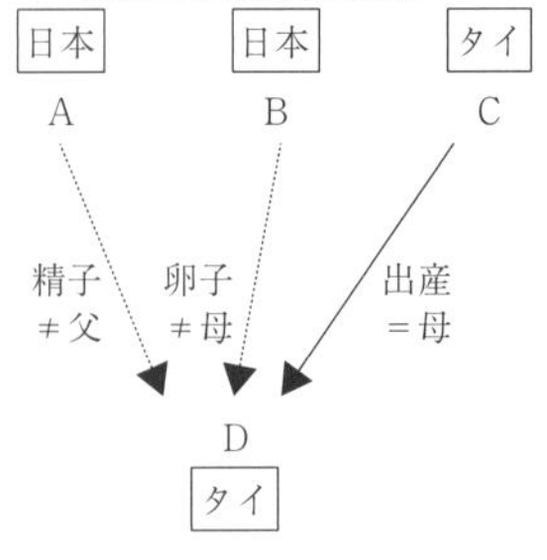

ためには養子縁組[5]（Cさんは母親になる意思がないので特別養子縁組）をしなければならないが、Aさんが独身のままD君を養子とすることはできない。仮にAさんが結婚して養子縁組をした場合にも、D君には定住資格が与えられるだけで、日本国籍を得るためには帰化という手続が必要である。

なお、D君は母親のCさんと同じタイ国籍となり、タイのパスポートで一時的に日本に入国・滞在できる可能性がある。しかし、母親であるCさん抜きで、法的には他人のAさんと一緒に日本で暮らすための在留資格をD君が得ることは、まず不可能である（国際的な子供の人身売買などを防ぐため）。

このように、**配偶子（精子・卵子）提供型生殖補助医療**[6]や代理母出産において、民法上の親子関係の規定が子の国籍取得にも影響することとなる。

➡5 普通養子縁組と特別養子縁組
普通養子縁組では実親との親子関係は存続したまま養親との親子関係が生じる。特別養子縁組では実親との親子関係がなくなるが、原則として15歳未満（2020年3月までは6歳未満）の子供にしか認められておらず、必ず夫婦で縁組しなければならない。

➡6 精子提供・卵子提供
精子提供を受ける非配偶者間人工授精（AID）は、不妊治療としてすでに日本でも70年以上の歴史をもち、1～2万人が誕生しているといわれる。卵子提供は女性の身体への負担が大きいことや学会が消極的であったことなどから日本ではあまり行われておらず、2013年にようやく卵子バンクが成立した。

2 日本人にしか、人権は認められないのですか？

人権とは、人として生まれた者に普遍的に認められる権利である。そうすると、どこの国籍を持っていても、すべての人は人権を認められることになる。そういった観点から、世界人権宣言や国際人権規約などは、すべての国にいるすべての人に認められるべき権利を列挙している。

しかし、だからといって人権が侵害されたときに、全世界のどこの国にでも救済を求められるわけではない。ここでは、日本という国家が、どの範囲の人々に、どの範囲で人権保障に責任を持つべきなのかを考える。これを憲法学ではふつう「人権享有主体性」の問題と呼ぶが、この言葉は文字どおりに解すると、その存在が人権を持っているかどうかという意味（たとえばネコやロボットに人権が認められるか）になるので、あまり適切な用語ではない。

さて、国家が、自国民や自国に滞在する外国人について人権保障に責任を持つ範囲は、権利の種類によって異なる（⇒3頁プロローグ**人権の分類**）。

⑴ 国家が、その領域内に存在するすべての人に保障すべき権利

自由権は、国家から干渉されない権利なので、原則としてどこにいても、どこの国の人でも保障される。日本人が外国にいても言いたいことを言え（表現の自由）、好きな宗教を信じられる（信教の自由）のと同様、日本に滞在する外国人にも精神的自由が保障される。

コラム 法的親子関係の決定方法

民法のうち家族法と呼ばれる分野は戦後すぐに大改正され（家制度の廃止）、それ以来大きな改正はない。当時の常識からすれば、ある女性が子供を産めばその人が母親でないはずはなく、その女性の夫が子供の父親である可能性が高い。そこで母子関係は出産により成立し、その夫が父親と推定され（民法772条）、1年以内に自分の子ではないと主張（嫡出否認、民法774条）しない限り父子関係は否定できない、という制度となっている。未婚で子を産む場合や事実婚など法的な婚姻をしていないときに、実の父とのあいだに父子関係を成立させるためには認知という行為が必要になる（民法779条）。

現在では、不妊治療として他人の配偶子（精子・卵子）を用いて子供をもうけたり、自分と血のつながりのない子を妊娠・出産したりすることも可能であるが、こうした技術を想定していない民法では、右図のように法律上の親と遺伝上の親、あるいは親となりたい者が一致しない。生殖補助医療を認めるのであれば、それに合わせた民法の改正が必要なのは明らかである。

ただし、親子関係を決めるのにDNA鑑定などの証明を要求すると、思いがけない家庭争議が起こったり、善意で配偶子を提供した人に親としての責任が降りかかったりと、好ましくない結果も予想されるので、新しい制度のあり方については慎重な議論が必要である。

各種生殖補助医療と血縁上親子関係・法的親子関係

		精子提供型	卵子提供型	代理母出産	
				夫婦の配偶子	配偶子提供型
法律上	父	夫	夫	（代理懐胎者の夫と推定）	
	母	妻	妻	代理懐胎者	
遺伝上	父	精子提供者	夫	夫	精子提供者
	母	妻	卵子提供者	妻	卵子提供者

経済的自由（職業選択の自由や財産権など）も、原則として外国人にも保障されるが、土地所有等については制限がかかる可能性がある（水源地域保全条例など）。また、職業選択の自由の中でも、公務員などについては少し別の考慮が必要である（⇒**4**(2)）。出入国の自由は経済的自由の1つであるが、**外国人にはそもそも入国の権利は認められない**[7]（⇒コラム2）。

➡7 **出入国管理及び難民認定法**
外国人の日本への入国や在留の資格、許可要件等を定める。

外国人が日本で行った政治活動を理由に在留期間の延長を拒否されたマクリーン事件（最大判昭和53年10月4日）で、最高裁は、憲法の人権規定は「権利の性質上日本国民のみをその対象としていると解されるものを除き、わが国に在留する外国人に対しても等しく及ぶものと解すべき」であるとしつつも、「外国人に対する憲法の基本的人権の保障は、右のような外国人在留制度のわく内で与えられているにすぎ」ず、日本在留中の自由の行使（ここでは政治活動）が「在留期間更新の際に消極的な事情としてしんしゃくされないことまでの保障」が与えられているものではない、と判示した。学説はこの判決を、在留の権利をいわば質にとって外国人の自由を実質的に制限するものであると批判する。近年受入件数が増大している外国人技能実習生について人権侵害が横行していることが問題視されているが、劣悪な労働環境でも転職ができず、在留資格を失うことを恐れて抗議できない、相談できないという問題があると指摘されている。

(2) 国家が、自国民（海外に滞在する人も含む）に保障すべき権利

社会権は、生存権（年金や生活保護）にしても教育を受ける権利にしても、たくさんのお金が必要である。国家の財源は限られているので、基本的に国家は自国民の権利をまず保障する、ということになっている。海外に在住の日本人も日本の年金や保険を利用しなければならない。日本では外国人にも各種福祉を保障しているが、憲法上の義務ではない。ただし、生存そのものがかかっている緊急時（行き倒れた人に対する救急治療、災害時における避難所での物資配給など）には、外国人を排除することは許されないと考えられている。

参政権についても、選挙権・被選挙権は、**国民主権**[8]の観点から国民のみに与えられると考えるのが一般的である。一般の公務員になるのは、公務に参画するという意味では参政権の要素を含み、他の職業選択の自由と区別される。韓国籍の**特別永住者**[9]が管理職選考試験の受験を拒否された事件では、最高裁は、外国人が公権力を行使する公務員になることは「国民主権の原理に基づき、……本来我が国の法体系の想定するところではな」く、日本国民に限って管理職に昇任できる措置は合理的な理由に基づいていると判示し、憲法に定める平等原則に違反しないとしている（最大判平成17年1月26日）。

➡8 **国民主権**
国民があらゆる権力の淵源であり、国家の統治のあり方について決定する権限を持っているということ。

➡9 **特別永住者**
戦前、日本の植民地であった土地の出身者には日本国籍があったが、平和条約締結により植民地を手放したことで、本土に居住していた人も日本国籍を失うこととなった。こうした元植民地出身者とその子孫について、出入国管理特例法により日本の永住資格を認めている。

3 日本人であっても、人権が認められないことがあるのですか？

(1) 子供の人権・胎児の人権　子供について人権享有主体かどうかが論じられることがあるが、子供も人間である以上、当然に人権を享有している。ただし、子供はまだ未成熟であるから、成熟した大人とは異なった扱いが必要になる。一つには、まだ判断能力が十分でなかったり、知識が足りず騙されやすかったりするゆえに、自分の権利を十分に守ったり主張したりできないので、成年者の保護が必要である（たとえば未成年者は契約等の際に親の同意が必要）。もう一つは、まだその権利を十分に使いこなせないから制限されるものである。この例が参政権である（⇒93頁⑮**2**参照）。しかし、こうした制限は子供に一律にかかるものではなく、0歳の赤ん坊と十分に教育を受けた**成人に近い年齢の者**[10]では、もちろんその制限や保護の程度も異なってくる。例えば、たとえ未成年でも、死が近づいた子供は非常に成熟していることもあることから、輸血拒否や治療拒否の意思表示が15歳くらいから有効とされることもある。子供の権利を不当に制限することなく、十全に守れるように、年齢や場面に応じた制限を考えることが必要である。

胎児は、まだ人権享有主体とはみなされず、出産により母体から独立に生命が成立して初めて人権享有主体となる。とはいえ、胎児は独立の「人権」は認められなくとも、すでにこの世に存在する「生命」として、一定の保護が与えられなければならない。人工妊娠中絶をめぐって、女性の身体をめぐる自己決定権と胎児の生命権が対立する場合があり、どんな場合にどちらを優先すべきかについて、国によっても考え方に差異がある（61頁❾コラム3）。

⑵ 法人の人権享有主体性　法人とは、様々な組織のうち法律に基づいて法人格を取得したものをさすが、ここでは法人格をもたないものも含め、「組織」が憲法上の人権の主体となれるかどうかという問題だと考えてよい。つまり、この問題は文字どおりの「人権享有主体性」の問題である。

判例では、会社による政治献金の適法性が争われた八幡製鉄事件（最大判昭和45年6月24日）において、憲法第三章の人権規定は「性質上可能なかぎり、内国の法人にも適用されるものと解すべき」であり、「会社は、自然人たる国民と同様、……政治的行為をなす自由を有する」と判示して、会社による政治献金を憲法に違反しないとした。通説もこれを支持して、生存権や人間の尊厳などその性質上自然人にのみ認められるものを除いて、法人にも人権が認められると解している。しかし最近の有力説は、肯定説によっても結局は法人の権利の範囲は定款に定める目的の範囲内に限定されるので、特にそれを「人権」と呼ぶことに意味はなく、むしろ自然人の人権と法人の「人権」が衝突した時のことを考えると、法人の権利を個人と同等の「人権」と呼ぶべきではないと考えている。

10 成人年齢の引下げ
参政権のうち、選挙権は2016年6月から、憲法改正の国民投票は2018年6月から、18歳以上が権利を行使できるように年齢が引き下げられた。
ふつう成人という場合は民法上の成年を指すが、これも2022年4月から18歳に引き下げられる。ただし、お酒やたばこが許されるのは20歳からのままである。

再入国の権利と出入国管理法の改正

国家領域内に外国人を受け入れるかどうかは、その国家が思いのままに決められるものである。もし外国人に無条件に入国の権利が認められるのであれば、テロリストや犯罪者が入ってくることも、日本の生活保護を目当てに貧しい国から移民が大挙して押し寄せることも止められなくなる。そういった事態を防ぐため、外国人の入国には、国籍国による身分証明である旅券（パスポート）と、渡航先の入国許可である査証（ビザ）が必要となり、査証を出すかどうかは渡航先の国が決めることができ、また査証があっても入国を拒むこともできる。

日本に滞在中の外国人が、滞在が許可された期間中に日本を出国すると、原則としてその時点で滞在の権利は消滅する。しかしそれでは日本に留学中・赴任中の人が里帰りをするたびに滞在許可を取り直さなければならず、たいへん不便なので、出国前に再入国許可を得ることで、滞在の権利を保持したまま出国することが可能になる。この再入国許可は日本の永住資格を持つ外国人でも必要とされ、再入国を許可するか否かについても、入国許可と同じく国家が自由に決められるものとされていた。その結果、日本に家族を持つ永住外国人が、ささいな法令違反（当時義務づけられていた指紋押捺を拒否したこと）を理由に再入国許可を得られず、永住資格も喪失して短期滞在のビザしか発行されないという事件が何度も起こり、これは国際人権規約に定める「自国へ戻る権利」の侵害であると批判されていた。

2012年、出入国管理法の改正により、「みなし再入国許可」制度が導入され、出国から1年以内（在留期間が1年を切っている場合には在留期間内）に再入国をする見込みの外国人については再入国許可を受けなくともよくなった。

4　特別に人権が制限されるのはどんなときですか？

⑴　**刑事施設被収容者の人権**　刑事施設に収容されている人は、3種に分類できる。受刑者（裁判で懲役・禁錮の有罪判決が確定した者）、死刑確定者、未決拘禁者（いまだ有罪判決が確定していないが身柄拘束が必要な者）である。

明治時代に成立した監獄法では、被収容者は国との間に「**特別権力関係**」[11]と呼ばれる関係が成立しているとされ、きわめて広く人権を制限し、読書や面会などは特別に許されるものであった。こうした無制限の権利制限を可能とする「特別権力関係」論は、戦後基本的人権の尊重を旨として制定された日本国憲法とは相容れないと考えられているが、監獄法はそのまま存置されたため、被収容者の人権についてはたびたび司法で争われることとなった。裁判所は、喫煙の自由をめぐる判例（最大判昭和45年9月16日）、新聞を読む自由をめぐるよど号ハイジャック記事抹消事件（最大判昭和58年6月22日）などのいくつかの判例で、日本国憲法のもとでは被収容者にも人権が認められることを前提としつつも、その制限について、制限が必要とされる程度、制限される自由の内容および性質、具体的な制限の態様および程度等を較量して判断するという手法をとり、収容施設の秩序維持のための自由の制限の合理性を比較的容易に認める傾向があった。

この監獄法は、2005年に成立した刑事収容施設法によってようやく廃止された。新法では、これまで判例で蓄積されてきたように、被収容者にも人権を保障し、必要な限りの制限を定めるという方式になっている。

権利制限が必要な理由として、①処罰内容、②刑事施設内の秩序維持、③矯正や教育が挙げられる。被収容者の種別に考えると、受刑者は①②③すべてが該当するが、死刑確定者は、矯正が望めないからこそ死刑判決が下されたのであり、③は死刑確定者に対する権利制限の正当化事由とはなりえない。未決拘禁者は、まだ有罪ではないので①③は該当せず、ただ②による制限と、拘禁の目的を果たすため、すなわち公正な裁判をするために罪証隠滅や逃亡を防ぐという目的のためにのみ権利の制限が認められることとなる。また、正当化される理由による制限も、必要最低限度のものでなくてはならない。

刑事収容施設法では、面会や新聞閲読の権利などが定められたり、自分のお金で書物を買ったり外部の医師を呼ぶことなどが認められたりしたこともあり、特に下級審で、制限の必要性について厳格に判断する例が増加している（選挙権の制限について違憲とした大阪高判平成25年9月27日、刑務官の立会いなしでの弁護人との面会を認めた最判平成25年12月10日など）（⇒93-94頁⑮2参照）。

⑵　**公務員の人権制限**　かつては公務員についても特別権力関係論により広く人権制限が認められていたが、もちろん現在ではそのような制限は違憲と考えられている。

ただ、たしかに公務員は1つの職業だが、企業とは異なり、「全体の奉仕者」としての地位にあり、「公僕」と呼ばれるように私益を追求するべきではないと考えられており、公務員の職務は中立であることを要請される。そこで、そうした「地位の特殊性」から、「職務の中立性」を揺るがしかねない要素を排除するために、一定の権利が制限されている。

こうした考え方から制限される人権は、大きく2つに分けられる。第1に、公務員の政治活動の自由である。公務員が特定の政党に肩入れしたり政治活

⇒11　特別権力関係論
明治憲法下で主張された特別権力関係とは、そこに属する人は国家の包括的な支配下に置かれ、国家は法律の根拠なく人権を制限することができ、それについて司法の救済を求められない、というものである。

動を行ったりすることで、公務員の職務の中立性が損なわれたり、自分の支持しない政権の政策を忠実に実施しないなどの弊害があると考え、選挙における投票以外の政治活動を禁止するのである。裁判所は、郵便局員が職場でポスターを掲示したり同僚にポスター掲示を依頼した行為について争われた猿払事件（最大判昭和49年11月6日）判決においては、「公務員の政治的中立性を損なうおそれがあると認められる政治的行為を禁止することは……公務員の職種・職務権限、勤務時間の内外、国の施設の利用の有無等を区別することなく、あるいは行政の中立的運営を直接、具体的に損なう行為のみに限定されていないとしても」正当である、としたが、平成24年12月7日の2つの最高裁判決では、公務員が休日に党の機関誌をポスティングした行為について、「禁止の対象とされるものは、公務員の職務の遂行の政治的中立性を損なうおそれが実質的に認められる政治的行為に限られ、このようなおそれが認められない政治的行為……が禁止されるものではない（傍点筆者）」として、事実上正当化される制限を限定した（⇒5頁プロローグ❻）。

第2の制限類型は、公務員の労働基本権（団結権・団体交渉権・団体行動権）である。私企業では、労働者が労働条件（賃金・休暇・労働環境など）を改善するために労働組合を結成し、経営陣と交渉し、ストライキなどの争議を行う権利が憲法で認められている。しかし公務員は、雇い主に当たるのは国民であり、労働条件は国会で定められるので、事実上交渉は不可能であり、代わりに人事院という機関が、公務員の労働条件について勧告を行っている。また、私たちがさまざまな届け出をする役所や、緊急時に助けを求める警察や消防などがストライキを行うと、国民は非常に困ったことになる。こうした理由から、公務員には労働基本権が制限され、違反した場合には刑事罰が科されることになっている。しかし、賃金については交渉の余地がないとしても、労働環境の改善（サービス残業の禁止、ハラスメント対策など）を求めてたたかう必要は公務員にもあるかもしれない。それなのに、すべての職種や立場の公務員に争議権を否定したり、一部の職種では団結権すら認めないのは、ゆきすぎた制限であるように思われる。（⇒77頁⓬コラム2）。

資料❶　公務員の労働基本権

	区分	団結権	団体交渉権	争議権
地方公務員	下記以外の職員	○（地公法52③）	△（地公法55①②）	×（地公法37①）
	警察職員、消防職員	×（地公法52⑤）	×	×
	公営企業、特定地方独法及び技能労務職員	○（地公労法5①）	○（地公労法7）	×（地公労法11①）
国家公務員	非現業職員	○（国公法108の2③）	△（国公法108の5①②）	×（国公法98②）
	警察職員、海上保安庁職員、監獄職員	×（国公法108の2⑤）	×	×
	現業及び特定独立行政法人職員	○（特独労法4①）	○（特独労法8）	×（特独労法17①）

総務省「公務員の労働基本権」より一部改変 https://www.soumu.go.jp/main_content/000035137.pdf

＊現業公務員：現場の非権力的な労務を行う公務員。学校の用務員、市営バスの運転手、ごみ収集作業員など。
非現業職員：一般の管理事務部門の業務を行う公務員のこと。省庁や県庁・市役所等の公務員などを指す。

自分の髪型を自分で決めてはいけないのですか？

▶幸福追求権

設例　17歳のAさんは、公立のB高校に通っており、最近になって黒髪を染めて金髪にした。B高校は、10年前から、髪の毛を染めたり脱色したりすることを禁止する校則を定めている。教師たちはAさんに髪の色を元通りにするよう求めたが、Aさんが従わなかったので、B高校の校長はAさんを退学処分とした。Aさんは入学時から無遅刻無欠席で、学習態度にも問題はなかったし、これまでの成績は学年平均を上回っている。Aさんは学校に抗議したが処分は覆らなかったので、退学処分の取消しを求めて裁判所に訴え出た。

憲法13条　すべて国民は、個人として尊重される。生命、自由及び幸福追求に対する国民の権利については、公共の福祉に反しない限り、立法その他の国政の上で、最大の尊重を必要とする。

1　髪型が憲法の問題になるの？

本章では、憲法制定時には想定されていなかった新しい権利の、裁判所による救済可能性の話をする。デモ行進やSNSによって世論を動かすとか、社会の変化に伴って新たに保障する必要がある権利を立法によって保護する、というのも非常に重要な話題であるが、ここでは紹介できない。また、本章でAさんの法的救済に関わるすべての話ができるわけではない。

さて、設例の事案を憲法問題として語るためには、この事例がAさんがもっている憲法上の権利の問題だと言う必要がある。もし、B高校の別の生徒も金髪にしたが、その生徒はおとがめなしだったという場合は、平等（14条1項⇒❹）の問題が生じるだろう。しかし、ここではそのような事情はなく、また、Aさんは金髪以外に教師に問題視されるような行動を何もしていないこととする。つまり、Aさんは髪型のみを理由として退学処分という不利益を受けた、というのが設例の事案である。

仮に「自分の髪型を自由に決める権利（髪型の自由）」のようなものが憲法で保障されているとすれば、Aさんが金髪にしたのは憲法で保障された権利の行使であり、金髪を禁止するのは権利の制限だということになる。しかし、日本国憲法のどこを探しても、「髪型」という文字は存在しない。だから、Aさんは学校に対して「憲法上の権利が侵害された」とは主張できない。以上。で、済むなら話は簡単だ。しかし、憲法には「報道の自由」や「知る権利」などの文言だって存在しない。にもかかわらず、これらの権利は憲法が保障していると言われている。これをどう考えればよいだろうか。

ここで、法的解決のためには法を解釈する作業が必要だということを思い出そう（⇒7頁プロローグ**法の解釈**）。つまり、もし「髪型の自由を保障している」と解釈できる憲法の条文があれば、Aさんの退学を憲法問題として語ることができる。その条文の第一候補が、憲法13条だ。

2 新しい権利をどうやって保障するの？

大学の講義室に50年前から「授業中の迷惑行為禁止」と（だけ）書かれたプレートが掲示されているとしよう。この「迷惑行為」には「私語」が含まれ、「私語」には「学生同士が会話して教員の話を聞きとりにくくすること」も含まれるはずである。「プレートに私語禁止とは書いていないのだから、私語は禁止されていない」などと言う発言は、どこかおかしい。すべての「迷惑行為」が羅列されている必要はない。また、時代によって「迷惑行為」の内容も変化する。例えば、授業中に携帯電話を使うのは、掲示が始まった50年前には想定されていなかった行為である。それでも、現在では、学生が授業中に音を出しながら携帯電話を操作するのは「授業中の迷惑行為」に含まれるだろう。

いわゆる「新しい人権」は、憲法制定時には考えられていなかった権利であり、社会の変動に伴い新たに法的救済が必要だと言われるようになった権利である。例えば、憲法制定当時に、情報技術の発達に伴う個人情報の流出の危険の高まりや、公権力が監視カメラやGPS機器を使って人々の行動を監視するような事態は、想定されていなかった。また、個人の自己決定に委ねられるべき事柄も、社会の変化に伴って変わる可能性がある。その時代に合った法的救済を実現するために、憲法や法律の制定当時には想定されていなかった権利、例えばプライバー権のような新しい権利を保障すべきだとの考えが出てきたのである。

憲法に限らず、法の文言は解釈が必要とされる。法の制定時に起こりうる事態をすべて想定し、制定後に解釈を必要としないように規定するという技術は、今のところ発明されていない。だから、新たな問題が起こった場合は、既存の法規定を解釈し直して対応する。このやり方は、憲法に限らず、また、日本に限らず、広く行われている法的実践なのだ。そして、様々な新しい人権の根拠規定として持ち出される条文が、「幸福追求権」を保障する憲法13条である。この条文の解釈によって、新しい権利が幸福追求権の1つとして

憲法改正、新しい権利、憲法解釈

「サッカーのルール改正に賛成ですか、反対ですか」。そう問われた人は、まずこう言うのではないだろうか。「何をどう変えるのですか」、と。変更内容が示されなければ、賛成も反対もできないはずである。「憲法改正に賛成ですか、反対ですか」。まず何をどう変えるかを具体的に示してもらわないと、答えようがない。大事なのは変更の内容である。

「押しつけ」「古い」「理想と現実は違う」。よく言われるが、どこをどう変更するかという変更内容の議論に、論理的にはあまり関係がない。「日本の憲法は押しつけられたし、1度も改正されていないし、現実に世の中には不平等が蔓延しているけれど、法の下の平等を定める条文（憲法14条）は変更すべきではない」という立場をとることは可能だし、そこに論理的な矛盾はないのである。

そして、何より、憲法改正の議論がしたければ、憲法について知っている必要がある。「オフサイド」も知らない人がサッカーのルール改正について議論している姿を思い浮かべてみて欲しい。改正に賛成／反対いずれにせよ、現在の憲法について知らないのでは、まともな議論は難しいだろう。そして、憲法について知るには、憲法の文言だけでなく、その解釈の仕方も知っておく必要がある。文言だけで、法は機能しないのだ。憲法を改正しないと時代の変化に応じた新しい権利の保障の必要性に対応できないという主張があるが、新しい問題には憲法解釈で対応することもできる。

もちろん、解釈だけでは対応できない、あるいは解釈で対応すべきでない場合もある。ただ、現実の憲法解釈の仕方について知らなければ、まともな議論は難しい。

保障されることになる。

3　憲法13条は何を規定しているの？——権利と制約

憲法13条は、憲法上の権利の保障と制約に関わる総則的な規定である。

(1)　**幸福追求権**　「生命、自由及び幸福追求に対する国民の権利」は「幸福追求権」と略され、包括的基本権とも言われる。総則的とか包括的というのは、憲法14条以下で保障される権利に共通する基本原則を定めているということである。そして、「幸福追求権」の保障は、自分の「幸福」の内容を自分で決め自分で追求することが、権利として保障されることを意味する。このような解釈は、憲法13条前段の個人の尊重原則から導かれる。比喩的に、すべての人は「自己の生の作者」であることが認められている、という言い方がされることもある。

思想良心の自由（19条⇒❺）、表現の自由（21条⇒❼）その他の権利（個別的権利）は、幸福追求権に包括される。他人がなんと言おうと自分の信念を変えない。多くの人に批判されても自分の言いたいことを言う。これらは、自分が自分の人生を生きるための重要な要素であり、個人が幸福を追求する行為である。表現の自由などの個別的権利は「派生的権利」とも呼ばれるが、それは、幸福追求権を基盤として様々な個別的権利が派生している、と考えられるからである。

そうだとすれば、表現行為は表現の自由の行使であると同時に幸福追求権の行使でもある。ただ、優先的に適用されるのは、個別的（派生的）権利の方である。例えば、音楽演奏が禁止された場合は憲法21条の問題とされ、憲法13条は表に出てこない。しかし、個別的権利では対応が難しいときは、憲法13条の出番となる。幸福追求のために必要だが個別的権利に含めるのが難しい利益を救済するために、総則規定である憲法13条を持ち出すのである。良く挙げられる例として、**プライバシー権**[⇒1]や**自己決定権**[⇒2]がある。

ただし、憲法13条を根拠にすれば、何でも権利として認められるわけではない。「これは自分の幸福を追求する行為の1つだ」と言いさえすれば憲法の保護を受けられるような、うまい話は転がっていないのである。例えば、麻薬や危険ドラッグをやる自由を憲法上の権利として認めることは難しい（認めることはできるという立場もありうる）。では、どのような利益なら認められるのか。これは未だに議論が続く、難しい問題である[⇒3]。

(2)　**公共の福祉**（⇒4頁プロローグ**4**）　憲法22条1項（⇒❽）を見ると、何人も「公共の福祉に反しない限り」職業選択の自由等を有すると書いてある。一方、憲法21条1項（⇒❼）には「公共の福祉」の文字はない。だとすれば、表現の自由に限界はないのだろうか。いや、そうではない。表現の自由も「公共の福祉」に基づく制約を受ける。その根拠条文が、憲法13条なのである。憲法13条は「公共の福祉に反しない限り」と書いている。この条文は権利の保障と制約の総則的規定であるから、「公共の福祉」の文字がない条文で保障された権利も、公共の福祉を理由とした制約を受けるのである（⇒10頁❶⇒6）。そして、憲法13条を根拠に新しい人権が認められたとしても、その権利は当然、「公共の福祉に反しない限り」で保障される。

⇒1　プライバシー権
元々アメリカの判例で「ひとりで放っておいてもらう権利」として発展してきた権利。「宴のあと」事件の東京地裁判決では「私生活をみだりに公開されない法的保障ないし権利」と定義されている。

⇒2　自己決定権
子どもを持つかどうかなど家族のあり方を決める自由や尊厳死などの生命に関わる決定の自由等、個人の重要な私的事柄を自由に決定できる権利。定義の仕方は様々で、また自己決定権として保護される権利自由の内容についても意見が分かれている。

⇒3　学説
憲法13条の幸福追求権の保障内容について、学説は、人格的生存に必要不可欠な権利のみが幸福追求権として認められるとする人格的利益説と、そのような限定を付けるべきではないとする一般的自由説があると言われる。ただし、最高裁判所は、学説の枠組で議論していない。

4　憲法13条違反が問題となった事例はあるの？

以下、実際に新しい権利の保障と制約が問題となった事例を見てみよう。最高裁判所は憲法13条による新しい権利の保障を認めている。ただし、憲法13条違反の判断がなされた例はない。

⑴　**京都府学連事件**（最大判昭和44年12月24日）　この事件で問題となったのは、許可条件に反する行進をしていたデモ隊の写真を、警察官が、被写体の同意なしに、撮影したことである。裁判では、本人の同意も裁判官の令状もなしに行われた撮影は憲法13条に反する、という主張がなされたが、最高裁はこの事案における写真撮影行為を適法とした。ただ、一般論としては、憲法13条は、国民の私生活上の自由が警察権等の国家権力の行使に対しても保護されるべきことを規定しており、個人の私生活上の自由の1つとして、何人もその承諾なしに、みだりにその容ぼう・姿態を撮影されない自由を有すると言う。そして、警察官が、正当な理由なしに、個人の容ぼう等を撮影することは、憲法13条の趣旨に反し許されないと述べた。しかし、以上のような自由も無制限に保護されるわけではなく、公共の福祉のため必要のある場合には相当の制限を受ける。そして、本件撮影行為もこの場合に該当するとして、憲法13条違反の主張を斥けた。類似の事案として、自動車のスピード違反の状況を自動で記録する装置による写真撮影を適法とした例（最判昭和61年2月14日）がある。

⑵　**その他**　憲法13条が「私生活上の自由」を保護しているという部分は、その後の判決で引用され、最高裁は、私生活上の自由の1つとして「みだりに指紋の押なつを強制されない自由」（**指紋押捺拒否事件**[➾4]・最判平成7年12月15日）や「個人に関する情報をみだりに第三者に開示又は公表されない自由」（**住基ネット訴訟**[➾5]・最判平成20年3月6日）が認められると判示している。ただし、事案の判断として憲法13条違反の主張が認められたことはない。

この他、憲法13条を根拠に、賭博の自由（最大判昭和25年11月22日）や喫煙の自由（最大判昭和45年9月16日）、自己消費目的の酒を製造する自由（最判平成元年12月14日）などが主張された例があるが、いずれも憲法違反の主張は退けられている。これらの判決では制約が許されることが強調され、そもそも喫煙の自由などが憲法13条によって保護されるのかどうかについて、明確に述べられてはいない（私生活上の自由には言及していない）。

最近では、婚姻の際に氏の変更を強制されない自由が主張された（最判平成27年12月16日[➾6]）が、斥けられている。

➾4　指紋押捺拒否事件
外国人登録法が外国人登録原票などへの指紋押捺を義務づけていた（現在は廃止）ことが、憲法13条などに反するかが争われた事例。最高裁は、「指紋の押なつを強制されない自由」を認めながら、制度の立法目的の合理性などを肯定して、合憲と判断した。

➾5　住基ネット訴訟
住民基本台帳ネットワークシステムに市町村の住民の情報を提供することは、プライバシー侵害の危険があるとして、住民が情報提供の差止めと国家賠償を求めた事例。最高裁は、「個人に関する情報をみだりに第三者に開示又は公表されない自由」を認めながら、プライバシー侵害の危険が発生しないような制度設計がされているなどとして、合憲と判断した。

➾6　夫婦同氏強制違憲訴訟
夫婦別姓を認めない現行制度の合憲性が問題とされた。現行制度は憲法13条に違反するとの主張に対し最高裁は、婚姻の際に「氏の変更を強制されない自由」は憲法上の権利として保障される人格権の一内容であるとはいえず、夫婦同氏を定めた民法の規定は憲法13条に違反しないと述べた（⇒31頁❹4➾9）。

資料❶　包括的権利、個別的権利、保障範囲

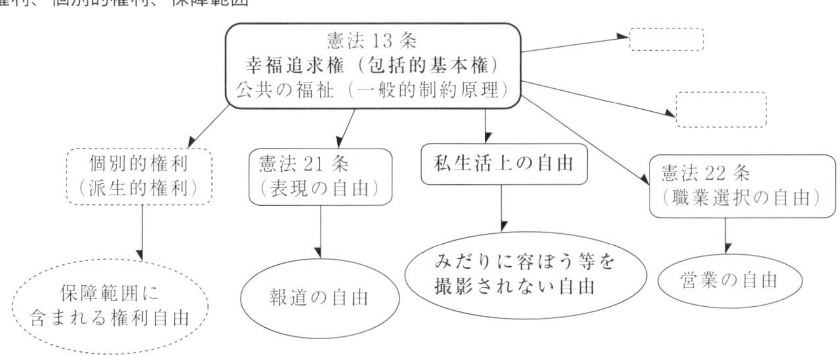

5　必ずしも憲法13条に言及があるわけではない事例

(1)　**プライバシー権**　　憲法問題が正面から論じられていないけれども、憲法に関わるとされる事例がある。まず挙げられる例が、無断で小説のモデルとされた人が、プライバシー侵害を理由に作者と出版社に損害賠償などを求めた**「宴のあと」事件**（東京地判昭和39年9月28日[7]）（⇒プライバシー侵害につき47頁❼➾6）。これは、日本の裁判所が初めてプライバシー権の侵害を認めた重要な事例である。この事例は民法上の不法行為の成立が認められたものであって、プライバシー権が憲法上の権利とされたわけではない。ただ、民法は最高法規である憲法の趣旨に反しないよう解釈されなければならず、本判決の民法解釈の背後にはプライバシー権を保障する憲法13条があると考えることもできる。

民事事件の最高裁判決では、ノンフィクション作品で実名が使われ前科が公表された人が、プライバシーが侵害されたとして作家相手に訴訟を起こし、慰謝料を勝ち取った事例がある（ノンフィクション「逆転」事件・最判平成6年2月8日）。また、大学による学生のプライバシー侵害を認めた事例[8]もある（最判平成15年9月12日）。

行政事件では、自動車学校の従業員の前科歴を、地方公共団体が自動車学校側の弁護士に伝えたことが違法とされた事例がある（前科照会事件・最判昭和56年4月14日）。判決は、「市町村長が漫然と弁護士会の照会に応じ、犯罪の種類、軽重を問わず、前科等のすべてを報告することは、公権力の違法な行使にあたる」と述べた。本件では国家賠償法が解釈適用されたのだが、これについても、憲法13条の趣旨に反しないよう国家賠償法が解釈されたと理解すればよい。

また、最近の刑事事件で、被疑者の同意も令状もなしでGPSを用いた捜査をしたことが違法とされた事例がある（GPS捜査事件・最大判平成29年3月15日）。この事例では、警察が犯罪捜査のために、被疑者の同意も裁判所の令状もないまま、被疑者らの自動車などにGPS端末を取り付けたことの違法性が問題となった。最高裁は、GPSを用いた捜査は個人の行動を継続的、網羅的に把握することを必然的に伴うから、個人のプライバシーを侵害しうるものだと述べている。その上で、令状なしでGPS捜査を行うことはできないと結論した。ただし、憲法13条に違反すると述べたわけではない。

(2)　**自己決定権**　　エホバの証人輸血拒否事件（最判平成12年2月29日）では、輸血をするかしないかの意思決定をする権利の侵害が認められた。また、自己の信仰に従い剣道実技の参加を拒否した生徒が、最終的に退学処分にまで追い込まれた神戸高専剣道実技履修拒否事件（最判平成8年3月8日⇒42頁❻4）では、学校側の処分が違法とされている。これらの事例で主張されたのは信教の自由であるが、自己決定権の観点から取り上げることもできる。

私立高校の事案では、バイクに乗る自由が問題となった**「バイク三ない原則」違反事件**[9]（最判平成3年9月3日）や、自動車免許取得の制限やパーマを禁止する校則などの違法性が問題とされた**パーマ禁止退学訴訟**[10]（最判平成8年7月18日）がある。最高裁は、いずれの事例でも、憲法の自由権規定は私人間に当然に適用されるわけではないとして、憲法問題に触れることなく、学校側を勝たせている（私人間効力⇒4頁プロローグ**人権を侵害するのは誰？**）。

➾7　**「宴のあと」事件**
東京地裁判決は、プライバシー侵害を認めた（控訴審継続中に、和解成立）。判決は、プライバシー侵害に対し法的な救済が与えられるためには、公開された内容が（イ）私生活上の事実または私生活上の事実らしく受け取られるおそれのあることがらであること、（ロ）一般人の感受性を基準にして当該私人の立場に立った場合公開を欲しないであろうと認められることがらであること、（ハ）一般の人々に未だ知られていないことがらであることを必要とする、という3要件を示した。

➾8　**江沢民講演会名簿提出事件**
ある私立大学で中国国家主席の講演会が開催された際に、大学が参加希望学生の名簿の写しを警察に、学生の同意を得ずに提出したので、学生が大学を訴えた事例。最高裁は、大学による学生のプライバシー侵害だとして損害賠償請求を認めたが、憲法13条には触れなかった。

➾9　**「バイク三ない原則」違反事件**
「免許を取らない、乗らない、買わない」というバイクの「三ない原則」を定める私立高校の校則が違憲·違法だと主張された事案。裁判所は、私立高校の校則や措置について憲法に違反するかどうか論じる余地はなく、他の法律に照らしても、本件高校の校則は違法でないと判断した。

➾10　**パーマ禁止退学訴訟**
パーマを禁止し、運転免許の取得を制限する私立高校の校則が違憲・違法だと主張された事案。裁判所は、私立高校の校則が直接憲法に違反するかどうかを論じる余地はないとした上で、他の法律に照らしても、本件校則等は違法ではないと判断した。

(3) **環境権**　大阪空港公害訴訟（最大判昭和56年12月16日）は、騒音に悩まされた空港の周辺住民らが、午後9時から午前7時までの航空機の発着の差止めと損害賠償などを求めて出訴した事例である。最高裁は、過去の被害に対する損害賠償だけを認めた（⇒67頁❿コラム2）。

6　Aさんを救済できますか？

「髪型だけを理由として退学処分とするのは違法であり、処分は取り消されるべきだ」というAさんの訴えを憲法問題として語ることは、できる。最高裁が「個人に関する情報をみだりに第三者に開示又は公表されない自由」を憲法13条解釈によって導いたように、「髪型の自由」を解釈によって新たに認めることができるかもしれない。ある学説によれば、憲法13条により自己決定権が保障され、そこに自分の髪型に関する決定権も含まれるという。そうだとすれば、Aさんに対する退学処分は、Aさんの憲法上の権利を制限するものとして、憲法違反（違憲）ではないかという問題を提起できる。

しかし、憲法上の権利の制限イコール憲法違反、となるわけではない。憲法上の権利は公共の福祉に基づく制約を受ける。もしAさんに髪型の自由が認められるとしても、その制約が公共の福祉に基づくものであれば、Aさんの自由の制限は憲法に違反しない（合憲）。

ただ、公共の福祉を持ち出せばどのような制限も可能となるというわけではない。自由を制限するには、正当な理由が必要なのである。例えば、公共の福祉を、権利の行使によって他人の権利を害することはできないという内在的制約（⇒4頁プロローグ**4**）と捉えると、髪の毛を染めることは誰のどのような権利を害するのか、といった問題が生じるだろう。

設例のAさんが裁判で勝てるかというと、現実には難しい。高校による髪型の規制が裁判で違法とされた例は、今のところ、ない。とはいえ、設例のAさんに裁判で勝ち目がないわけではない。さて、どうやったら勝てるだろうか。ここで「答え」を期待していた人には申し訳ないが、あとは自分で考えてみて欲しい。様々な文献を読み、考える、を繰り返そう。「自分で考える」ことができない人には、たぶん、「自己決定」の問題は扱えない。

コラム2　常識と少数派の権利

本章の設例に対する反応は、たぶん人によって違う。ひどい処分だと思う人もいれば、そうは思わない人もいるだろう。大事なのは、有限な経験から導かれた自分の直感だけで判断しないことだ。「自分の考えは正しくないかもしれない」。そう思うことが、学問的思考を有意義なものとする。

また、自分の主張の根拠として「常識」を持ち出すべきではないし、「みんながそう言っている」というのも不適切である。人権は多数決でも奪うことができないことを、思い出そう（⇒2頁プロローグ**2**、❶）。多数派の人々が自分たちの考えや「常識」を振りかざして少数派の人の権利を害するような場面では、「常識」に従って法解釈を行うことが、不当な権利侵害となりうるのだ。（ところ変われば、髪を染めている人はたくさんいるので、その集団内では金髪は少数派ではないことになるが、ここでは髪の毛を染めることが少数派になってしまう集団での話をしている。）

髪型にこだわらない人は、髪型の自由など認める必要性を感じないかもしれない。しかし、自分にとって大事でないからといって、他人にとっての重要性を否定するのは間違っている。「自分と同じ考えの人がたくさんいる」というのも理由にならない。

良くも悪くも、我々は常識に縛られて生きている。だが、常識に抗おうと決めた人が現れたとき、そこに生じる違和感を、我々はどう処理すれば良いのだろうか。「雰囲気を壊す」とか「空気が悪くなる」というような、論理的説明になっていない、ただなんとなく多くの人に受け入れられそうな理由で、個人の選択の自由を抑圧しても良いのだろうか。

相続分が子どもによって異なっていたのはなぜ？
▶法の下の平等

設例　A さんは、B さんと結婚しないまま、子ども（X）をもうけた。その後、C さんと結婚した A さんは、C さんとの間に別の子（Y）ができた。ある日、A さんは民法上有効な遺言を残すことなく死亡した。相続分に関して定めている民法の規定（旧 900 条 4 号ただし書）に従うと、同じ A さんの子だというのに、X さんの相続分は Y さんの相続分の半分だという。X さんは、この規定は憲法 14 条 1 項が定める法の下の平等に反するのではないかと考えている。

憲法 14 条第 1 項　すべて国民は、法の下に平等であって、人種、信条、性別、社会的身分又は門地により、政治的、経済的又は社会的関係において、差別されない。

第 2 項　華族その他の貴族の制度は、これを認めない。

第 3 項　栄誉、勲章その他の栄典の授与は、いかなる特権も伴はない。栄典の授与は、現にこれを有し、又は将来これを受ける者の一代に限り、その効力を有する。

1　平等ってそもそも何？

(1)　**平等の意義**　平等は、古くは、アメリカ独立宣言（1776 年）やフランス人権宣言（1789 年）において規定された、自由と並び尊重されてきた概念である。そこで謳われている「すべて人は平等である」という考え方は、①差別の禁止、②身分制の廃止、という形で日本国憲法 14 条に組み込まれ、判例においても、人格価値の平等という点が同条の核とされた。このような意味においては、人間である以上、人と人は絶対に平等であるという考え方につながる。けれども、現実の社会において、すべての場面においてすべての人々を平等に扱うことは不可能である。そこで現在では、**人格価値の平等**をベースとしつつも、**様々な差異があることを踏まえて平等を実現するという考え方**[➡1]が主流となっている。

現実の社会には様々な人々がおり、人々の間には必然的に何らかの区別があることが想定される。例えば、太郎君は○○を持っているのに自分がそれを持っていないことは「不平等だ」とか「平等じゃない」といった場面である。平等を考えるとき、そこには何らかの区別が存することが前提となる。つまり、なぜ、太郎君はそれを持っていて自分が持っていないのかがまずもって問われるのである。そして、その理由が、貧富の差なのか努力の差なのか、はたまた別の何かが理由なのかを考えなければいけない。このような、自分と他者を区別するものを**区別事由**という。この区別事由のいかんによって、当該区別が妥当である（合理的である）、妥当でない（不合理である）という推定が働くのである。

➡1　絶対的平等と相対的平等
絶対的平等とはいかなる区別も認めずに、すべて平等に取り扱う平等概念であり、相対的平等とは、等しき者は等しく、等しくない者は等しくなく取り扱う平等概念である。事実上の差異を一切考慮に入れないことは現実的ではないことから、判例および学説は、相対的平等を採用している（➡ 3、5）。

(2) 区別事由の性質　　では区別に用いられる事由の当、不当はどのように判断すればいいのだろうか。そこで1つの指針となるのが、14条1項の規定そのものである。同項は「人種、信条、性別、**社会的身分**[2]又は門地」の5つの事由を列挙している。これら5つの事由は**後段列挙事由**と呼ばれており、同項は、それらの事由に基づく政治的、経済的、社会的関係において差別されないと規定している。もっとも、ここで気を付けなければならないことは、これらを区別事由として用いたとしても直ちに違憲の判断が下されるわけではないということである。例えば、刑事施設を男性受刑者と女性受刑者とで分ける現在の日本の刑事施設制度は、受刑者の性別に基づき区別しているが、これは平等違反といえるのだろうか。反対に、例えば、障害者という理由のみで選挙権を剥奪できる法律が制定された場合に、障害という事由は14条1項に列挙されていないために、当該法律は平等違反ではないといえるだろうか。このように、区別事由はあくまで平等違反を検討する上でのとっかかりであり、区別事由のみで判断できるというわけではないことに注意しなければならない。具体的な判断枠組みは、後述する「**3　平等侵害はどうやって判断するの？**」で触れる。

➡2　社会的身分
学説上、①人の生まれによって決定される社会的地位（狭義説）、②広く人が社会において継続的に占める地位（広義説）、③社会において後天的に占める地位で、一定の社会的評価を伴う地位（中間説）、の主な3つの見解が見られるが、その具体的な意味内容については定まっていない。なお、判例は②の広義説にたっているが、積極的な定義付けはなされていない。

2　結果に着目した平等概念

(1) 自由競争と平等　　平等を考える上で大きな問題となるのが自由との対比である。なぜなら、平等がしばしば自由と対立することがあるからである。例えば、大学受験に際して、次郎君は不合格となり、花子さんは合格したとする。確かに、入試というものは学力で判断されるものであり、当然、試験実施の結果、合格者と不合格者が出ることはしかたない。けれども、もしも次郎君の家庭が貧しく、予備校や塾に通う余裕のない環境に置かれており、他方で花子さんは裕福な家庭で、予備校や塾に通うことができた環境にいた場合、両者を隔てる事由は学力だけであると果たして言えるだろうか。そこで、平等をより実りあるものとするには、**形式的な平等**[3]のみを保障するのではなく、ある程度“下駄を履かせる”ことで**実質的な平等**[3]を実現させることが平等概念に求められているということも言えるのではないだろうか。

それでは具体的にどういった方策がなされ得るだろうか。1つは、条件の平等と呼ばれるものであり、次郎君と花子さんが受験する際に同じスタート

➡3　形式的平等（機会の平等）と実質的平等（結果の平等）
形式的平等とは、均一に機会均等を図るべきとする機会の平等を意味する。実質的平等とは、機会のみならず格差是正を図るべきとする結果の平等を意味する。判例および学説は形式的平等を採用するものの、実質的平等についてはこれを排除するものではないと解している。

資料❶　私人による別異取り扱い——男性が不利益を被る側に!?

（京王電鉄ホーム乗車口のステッカー）

女性専用車
女性専用車に示されるように、私人間においても平等権に関する問題は生じる（⇒4頁プロローグ**人権を侵害するのは誰？**参照）。国による別異取扱いと私人によるそれは、同じように考えるべきなのだろうか？

ラインに立っていられるよう、条件整備を行うことである。この場合、例えば、次郎君の家庭に対して財政的支援を行い、花子さんと同等の予備校等に通うことができるようにするなどして、学習環境の条件を平等にすることである。別の方策としては、より結果の平等を志向し、仮に次郎君の試験の点数が合格最低点に満たなかったとしても一定程度の得点を上乗せし、それで合格最低点を満たせば合格させるというやり方である。後者の方策については、人種差別の歴史が色濃く残るアメリカ合衆国において実際に採られているもので、**アファーマティブ・アクション**（以下、AA とする）やポジティブ・アクションと呼ばれ、積極的差別是正措置とも訳される。AA にも様々な形態があり、例えば、入学者のうちの一定の割合を特定の人種に割り当てるもの（クォーター制）や合格最低点を人種によって異なって設定するもの、人種を様々な要素の一考慮要素として加点するものなどである。AA は、教育の場面に限られず、雇用や昇進の際においても用いられる。

条件の平等が、一般的に財政的側面を有するが故に実現が困難であることから、これまでわが国においても、AA の可否が、それが憲法上の要請か否かも含め議論されてきた。AA に肯定的な立場は、差別を解消するには、人種的マイノリティーや経済的マイノリティーなどの弱者を優遇することは不可避であり、AA によりマイノリティーが社会進出を果たしていくことで身分の固定化が崩れ、真の平等を実現できるようになると主張する。他方、AA に否定的な立場からは、AA により本来であれば入学（または、入社、昇進）できた者が不合格とされることは**逆差別**[4]であり、社会の基本原則である自由競争や能力主義に真っ向から背くものであると主張される。

➾4 逆差別
逆差別とは、AA の実施により、本来であれば合格、採用等されたであろう個人または特定の範疇に属する集団が不合格、不採用等となり、結果として、優遇されない者に対して不利益を課すことである。

わが国の学説上、平等は実質的平等を志向しつつも、あくまで形式的平等を原則とし、故に、実質的平等は、基本的には補充的に考慮されるものにとどまると考えられている。したがって、現在の支配的な見解では、AA を国家が行うことは必ずしも憲法上排除されないし、逆にこれを行わないからといって、そのことが憲法に反するとも考えられていない。もっとも、有力な学説の中には、国家が AA を実施すると決定した場合には、裁判所はそれを緩やかに審査すべき（つまり、逆差別とはしない）とする見解もみられ、一切の AA が禁止されるのではなく、どこまでであれば許されるのかといった線引きが実際上の論点であろう。

⑵ 差別の視点　近時の学説では、平等により積極的な意味付けを行うという観点から、**国家による差別を禁止する権利**として構成する見解が主張されてきている。これは、従来、14 条 1 項が平等原則を規定しているのか、それとも平等権なのかという議論がなされていたこととも関係する。現在では、平等原則、平等権、平等保護、法の下の平等などは同じ意味として使われているが、この、差別を禁止するという視点は重要である。この点は、設例を素材としてみてみよう。

X さんは Y さんと同じ A さんの子どもであるにもかかわらず、相続分に差が設けられている。設例と同種の事件において、最高裁はかつて、このような区別を設ける立法目的について次のように述べた。それは、①法律婚の尊重、②法律婚の夫婦から生まれた子（以下、嫡出子）を尊重し、他方で、法律婚の夫婦から生まれていない子（以下、非嫡出子）を保護すること、であった。その上で、非嫡出子の相続分が嫡出子のそれの 2 分の 1 であることに合理的根拠があるとし、結果的に当該区別は憲法14条1項に反しないと判示した（最大決平成7年7月5日）。

では、仮に法律婚の尊重や非嫡出子の保護が正当な立法目的であるとしても、そもそもなぜ、嫡出子と非嫡出子とを区別し、非嫡出子のみに不利益を課す必要があったのだろうか。このような区別は、多くの学説が指摘してきたように、非嫡出子を嫡出子よりも劣位に置くという意味で極めて差別的である。そしてこのことは、単に非嫡出子の相続分が嫡出子のそれの2分の1であるという程度問題ではなく（すなわち、仮に10分の9であっても）、“結果的に”非嫡出子に対してスティグマ（劣位の烙印）を押し付けることが、まさに平等の前提である人格価値の平等に反し問題であるということである。このような、人の「地位」に差異を設ける区別を、当該区別がもたらす効果（impact）の視点から検討し、当該区別がもたらす差別をより重視する考え方は今後大きな意義をもつものと考えられる。

3　平等侵害はどうやって判断するの？

(1)　**判例上の違憲審査基準**　　国家が制定した法律等が平等違反となるか否かは、換言すれば、当該区別が合理的であるか不合理であるかを判断することである[5]。この点を最高裁が初めて明らかにしたのが、待命処分判決（最大判昭和39年5月27日）であり、その具体的な判断枠組みは、**尊属殺重罰規定違憲判決**[6]（最大判昭和48年4月4日）で示された。尊属殺重罰規定違憲判決では、当該区別が合理的であるか否かの判断を、①区別目的の合理性、②目的と手段との合理的関連性、の二段階枠組みで審査することとした。このような二段階の審査方法はその後の判例においても継承され、また、学説も大枠は維持してきた。

もっとも、尊属殺重罰規定違憲判決で示された審査基準は、当該区別事由のいかんを問わず、立法府の裁量を大幅に認め緩やかに審査する**「合理性の基準」**であったため、平等保護が十分でないとして学説上批判が向けられた。そのような状況において、近年、最高裁は**国籍法違憲判決**[7]（最大判平成20年6月4日）において、より緻密な平等侵害の判断枠組みを示した。この中で最高裁は、①国籍が重要な法的地位であること、②準正子（出生後の父母の婚姻により嫡出子たる身分を取得した子）となるか否かは、個人の意思や努力によるものではない事柄、の2点を理由に「慎重に検討する」旨を説き、当該区別を違憲とした。この「慎重に」の意味内容については明らかではないが、本件のように、ある区別によって制限される権利や利益が重要である場合、

5　法適用の平等／法内容の平等
法適用の平等とは、法の内容ではなく適用の平等を説き、（後段列挙事由に基づく区別を除いては）立法者を拘束しないとする立場（立法者非拘束説）である。法内容の平等とは、法の適用のみならず法の内容まで平等であることを要求し、立法者を拘束する立場（立法者拘束説）である。判例および学説ともに、法内容の平等を支持している。

6　尊属殺重罰規定違憲判決
本件は、実父から強姦や虐待を受けていた女性が実父を殺害し、尊属殺人罪に問われた事件である。最高裁は、尊属殺人罪を規定する当時の刑法200条を違憲無効と判断したが、その主たる理由は、尊属殺を犯した者を無期懲役または死刑とする同規定の刑罰が極端に重すぎるからというものであった。

7　国籍法違憲判決
本件では、婚姻関係にない日本国籍を有する男性とフィリピン国籍を有する女性との間に生まれた子どもが、その後父親から認知を受けたことから日本国籍を取得するために届出を提出したが、認められなかったことが争われた。当時の国籍法3条1項の下では、父母が婚姻関係にあることが、日本国籍取得の条件の1つとなっていた。

間接差別

間接差別とは、文面上、一見すると中立な規定が、実質的には特定の事由を有する個人や集団に不利益を課すような差別形態である。例えば、雇用の場面で、志願者に身長170cm以上という要件を設けている場合、一見すると170cm以上であれば誰でも応募できることから、特定の個人または集団を差別することなく中立の規定であるかのように思える。しかし、わが国において170cm以上の身長を有するのは女性よりも男性の方が圧倒的に多く、ゆえに、実質的には女性が応募できない状況を作り出している。このような間接差別は、応募要件の背後にある差別的意図を炙り出す役割や、仮にそういった差別的意図がなかったとしても、結果的に特定の個人または集団を差別しているため、厳格に当該要件を裁判所が審査すべきであるという見解もみられる。

そして、当該区別事由が個人の力ではどうしようもない事柄である場合には、裁判所は当該区別の合理性をより厳しく審査するものではないかと理解する見方が有力である。

(2) **学説上の違憲審査基準**　学説は、尊属殺重罰規定違憲判決で採られた手法に代わるものとして、アメリカ合衆国における議論を参照した、以下の判断枠組みが支配的となっている。

まず、区別事由の確定である。当該区別事由が14条1項の後段列挙事由に該当するのであればより厳しく裁判所は当該区別を審査する、**厳格審査**または**中間審査**（厳格な合理性の基準）が妥当するとされている。その他の学説には、後段列挙事由の中でも、厳格審査に服するものと中間審査に服するものとを区別する見解、後段列挙事由以外の事由であっても、列挙事由に類似するような事由には後段列挙事由と同等の審査基準が適用されるとする見解なども有力に主張されている[8]。

次に、当該区別によって制限（制約）されている権利・利益の重大性を検討することが求められる。ここでは、当該区別事由が後段列挙事由に該当しない場合、本来であれば合理性の基準が適用され得るところ（または、当該区別事由が後段列挙事由に類似するか否かの検討がなされるところ）、制限されている権利や利益の性質に目を向け、それらが、例えば精神的自由に関わる利益であったり、選挙権のような**基本的な権利**（fundamental rights）であったりすれば厳格審査または厳格な審査に服するというものである。もっとも、このような見解には否定的な見方も強い。第1に、もしもそのような重大な権利・利益が制限されているのであれば、わざわざ平等の問題とせずとも、それらを直接的に規定する条文を根拠に違憲の主張を行えば足りるというものである。第2に、制限されている権利や利益の性質に着目することよりも、**2**(2)で述べた、差別の視点をもとに、そもそもなぜそのような区別をする必要があるのかを問い、そこに差別的効果を見出せるのであれば、厳格な審査基準を適用するという見解もある。

以上の検討を経て審査基準を設定したのち、目的手段審査へと場面が移る。目的審査においては、その目的が重要（正当）であるか否かが問われ、手段審査では、当該目的を達成するために当該区別が目的と関連性を有しているかが問われ、それぞれ厳しくまたは緩やかに審査される。もっとも、平等概念が前提として何かしらの区別（差別）を問題としていることから、目的の重要性の検討以上に、端的になぜそのような区別をする必要があるのか（その区別が目的を達成する手段として必要なのか）という手段審査の方により重きが置かれることとなろう。

[8] 限定列挙説、例示説、特別意味説
限定列挙説とは、後段列挙事由に基づく区別のみが絶対的に禁止される差別であると解する立場である。例示説とは、差別が禁止される事由は後段列挙事由に限定されず、あくまで代表的な差別禁止事由が後段列挙事由であると解する立場である。特別意味説とは、例示説を前提に、けれども、後段列挙事由に掲げられている5つの事由には例示以上の特別の意味を持たせ、これらの事由に基づく区別には厳格な審査基準が妥当すると解する立場である。判例は例示説に、多数説は特別意味説にたっている。

4　同じ問題を扱ったのに、最高裁が結論を異にしたのはなぜだろう？

最後に、設例の素材となった事件をもとにここまでのおさらいをしよう。嫡出子と非嫡出子の相続分に差異を設けていた民法900条4号ただし書をめぐっては、これまで多くの訴訟が提起されてきた。下級審レベルでは同条項を違憲と判断したものも見られたが、従来の最高裁の見解は平成7年の決定（最大決平成7年7月5日）において次のように示されていた。それは、①相続制度の形態は立法府の合理的裁量に委ねられていること、②立法理由は、法律婚の尊重と非嫡出子の保護であり、共に合理的根拠があるとした上で、手段審査において、非嫡出子の相続分を嫡出子の2分の1とすること（手段）は立法理由（目的）との関連で著しく不合理とはいえないというものであった。このように、平成7年の決定では、尊属殺重罰規定違憲判決において示された判断枠組み（目的手段審査）を丁寧に用いたものの、多数意見は、学説が唱えるような区別事由に力点を置いた検討を行わなかったばかりか、非嫡出子が被る不利益を深刻なものとは捉えなかった。特に、後者は、**3**(2)で触れた、制限される権利・利益の重大性との関連で、いかなる形で（2分の1しか相続できないという）不利益が課され、それがどのような効果を非嫡出子にもたらすのかという視点を欠いていたと指摘できよう。

他方、最近下された平成25年の決定（最大決平成25年9月4日）では、最高裁は平成7年決定を「判例変更」という形で否定してしまうことは避けつつも、結論としては逆に900条4号ただし書を違憲とする一見すると奇妙な判断を下した。平成25年決定では、相続制度の形態は立法府の合理的な裁量判断に委ねられているという点については平成7年決定と同旨であったが、区別事由の検討においては、嫡出性を子自らが選択できないことから、それを理由に子（非嫡出子）に不利益を課すことは許されないとする旨を述べた。もっとも、平成25年決定では、わが国における婚姻や家族の実態の変化や国民意識の変化、諸外国の立法の趨勢など様々な要素を総合的に考察し、「事柄の変遷等」を主たる理由として違憲判断を下した。また、審査基準についても特段言及することなく違憲の結論を導き出したことからも、本決定の射程が不透明であるとの指摘も学説上みられる。

平成25年決定には、決定の遡及効（過去に合憲とされた相続分への影響）が実務上問題となることや、これまでの同種の事件における反対意見や補足意見の存在、国籍法違憲判決など近年の家族法の分野における司法の積極的判断といった一連の動き[➡9]の中で、あえて平等を全面に押し出さなくとも結論が導き出せるとの思惑も見え隠れする（全員一致という点もそれを裏付けているのではないか）。けれども、本決定が、嫡出子と非嫡出子を区別する理由を端的に問うているという意味においては、従来の判例や学説との整合性は保たれており、今後、更なる精緻化がなされることを期待できよう（なお、25年決定をうけて、民法900条4号ただし書前半部分は削除された）。

➡9 再婚禁止期間一部違憲判決と夫婦同氏強制合憲判決

これに関連して、2015年12月16日、最高裁大法廷にて2件の重要判決が下された。まず、再婚禁止期間一部違憲判決では、民法旧733条1項が、女性にのみ6か月の再婚禁止期間を設けていたことが憲法14条などに抵触するとして争われた。本件で最高裁は、父子関係をめぐる紛争を未然に防止する当該立法目的に合理性はあるが、手段については、本来100日で足りる再婚禁止期間を6か月とすることは、DNA検査など医療や科学技術が発達した今日の状況に照らし合理性を有しない過剰な制約であるから、100日を超える部分についてのみ、24条2項及び14条1項違反であると結論付けた。

もう一つの夫婦同氏強制合憲判決では、婚姻に際し、夫婦が夫または妻の氏を称しなければならない旨を定める民法750条が、憲法14条などに抵触するとして争われた事件である。本件で最高裁は、夫婦がいずれの氏を選択するかは当事者間の協議に委ねていることから同条は婚姻の自由を直接制約するものではなく、あくまで事実上の制約にとどまるものであるとし、同条を合憲と判断した。もっとも最高裁は、これまで夫の氏を選択する夫婦が圧倒的多数である現状が、社会における差別的な意識や慣習の影響であるとするならば、そのような影響を排除することも憲法14条1項の趣旨に沿うものであるとも述べた(⇒23頁❸4➡6)。

資料❷ 性的指向という新たな区別事由——同性カップル

近年、同性カップルに婚姻またはそれに準じる法的形態を保障する動きが世界中で活発化しており、2015年6月には、アメリカ合衆国において同性婚が認められた。日本でも地方自治体レベルでそのような動きが見られ、今後の動向が注目される。

同性カップル条例 成立
性的少数者の人権尊重
渋谷区が「結婚相当」証明書

同性カップルを「結婚に相当する関係」と認めて証明書を発行する東京都渋谷区の条例案が三十一日、同区議会本会議で賛成多数で可決され、成立した。会派としては、自民のみが反対した。証明書を発行する条例が成立するのは全国で初めて。 ―関連③面

条例案には、LGBT（性的少数者）に対して差別的な対応をした事業者らの名前を公表できる規定があるが、議会側が「厳しすぎる」とし、公表は控えるよう求める付帯決議を付けた上での採決となった。共産、公明、民主など五会派計二十一人が賛成し、自民と無所属の計十人が反対した。

条例では、二十歳以上の区内在住の同性カップルに対し、区は証明書を発行できる。互いに任意後見人となる公正証書を作成していることなどが条件となっている。証明書があれば、家族向けの区営住宅の入居が可能となる。

条例は、事業者の責務として一切の差別を禁止。人事採用や職場での待遇、昇進、賃金といった就業条件で、「条例の趣旨を遵守しなければならない」としている。法的拘束力はないため、事業者が認めた場合に限られるが、病院での入院時の面会や手術の同意書へのサイン、会社からの結婚祝い金の支給などの場面で、証明書が後ろ盾になりそうだ。

条例の施行は四月一日からだが、証明書発行の細か

東京都渋谷区で同性カップルを結婚相当と認める条例が成立し、喜ぶカップルら＝31日、同区役所前で

東京都渋谷区が発行するパートナーシップ証明書の効力

家族向け区営住宅への入居	有効
入院時の面会や、手術の同意書へのサイン	事業者が認めた場合は有効
企業からの結婚祝い金の支給	
婚姻の証明、相続、配偶者控除など、法律に基づく制度	効力なし

（区の説明に基づく）

カップルら「これがスタート」

「これがゴールではなく、スタート。まだまだ課題はあると思うが、国民的議論を深めるきっかけになる」。同性カップルを支援する条例の可決後、議場から出た当事者らは喜びをかみしめる一方で、すでに先を見据えていた。

LGBTの社会生活を支援する認定NPO「グッド・エイジング・エールズ」の松中権さん(38)は、今後の課題として、プライバシーの保護を挙げる。

松中さんは小学生の時、自分が同性愛者であることを自覚。当時の辞書で「ホモセクシュアル」を引くと、「異常性愛」とあり、それ以降「絶対に誰にも話してはいけないことだ」と思ってきたという。

数年前にようやくゲイであることを公表できた松中さんは「多くの人がいる役所の窓口に来て申請することは、ある意味カミングアウトするの

（中日新聞社2015年4月1日朝刊一面、写真・図表：共同通信提供）

国歌は起立して歌わなくてはだめですか？

▶思想・良心の自由

設例 20XX年、日本で行われたオリンピックのサッカーの試合を観戦に行った大学生のAさんは、試合前の国歌斉唱の際、一緒に行った友人のBさんに「国歌なんて歌わなくて良いよ、立つ必要もない」と言われ、困ってしまった。AさんとBさん以外、周りはみんな起立して国歌を歌っているようなのだ。国歌は起立して歌わなくても良いのだろうか？

憲法19条　思想及び良心の自由は、これを侵してはならない。

私たちにはシートベルト着用義務があるように、国歌を歌うことも法的に義務付けられているのだろうか。もしそうなら、AさんもBさんも国歌を起立して歌うことを拒めないということになりそうである。しかし、憲法が「国歌を歌わない自由」を人権として保障している可能性もある。そうだとすると、仮に国歌を歌うことが法律によって義務付けられているとしても、Aさんは国歌を歌わなくても良さそうである。でも、「国歌を歌わない自由」なんて、日本国憲法は保障していただろうか。順番に考えてみよう。

1　国歌を歌う法的義務はあるか？

(1)「君が代」の歴史　日本国憲法には、国歌斉唱を義務付ける条文はない。それどころか、国歌について書かれた条文は日本国憲法には一切ない。日本の国歌について規定するのは、1999年に制定された**国旗国歌法**[1]と呼ばれる法律である。国旗国歌法は、「君が代」を日本の国歌と定めている。しかし、国旗国歌法もまた、国歌斉唱を義務付けているわけではない。

もともと、君が代は、古今和歌集の和歌に曲を付けて明治天皇の誕生日に演奏されてから、祝日大祭の儀式で歌うよう文部省告示などで指示されるようになった。日本国憲法の下では、1958年に改定された**学習指導要領**[2]が、国民の祝日などに学校行事として儀式を行う際には「君が代をせい唱させることが望ましい」との政府の見解を初めて示した。その後、1974年の学習指導要領で、「君が代斉唱」という言葉が「国歌斉唱」に改められ、1989年の学習指導要領は、「入学式や卒業式などにおいては……国歌を斉唱するよう指導するものとする」とし、教師への国歌斉唱の指導の要請を強化した。

これに対し、日本国憲法では主権が天皇ではなく国民にあると定められたことから、「天皇統治の御代の永遠」を願う歌とされていた君が代は日本国憲法に反するといった批判が、一貫してなされてきた。そして、学校教育の場面で君が代が国歌として事実上強制されていく中で、君が代をめぐる争いが激化し、それに歯止めをかけるべく制定されたのが、国旗国歌法であった。

(2)「国歌を歌うこと」は義務なの？　国旗国歌法は、君が代を国歌と

➡1　国旗国歌法
正式名称は「国旗及び国歌に関する法律」である。国旗国歌法には2つの条文しかなく、それぞれ日本の国旗と国歌が何であるかを定める条文になっている。国旗については、「日の丸」と一般には呼ばれている白地に紅丸の日章旗が日本の国旗であるということだけが規定されている。

➡2　学習指導要領
学習指導要領とは、おおまかな教育内容などについて、学校教育法に基づき文部科学省が定めたものである（⇒72頁⓫3(2)）。学習指導要領に法的拘束力があるかについては争いがある。

定めてはいるが、「君が代は国歌としてふさわしくない」とする考えを否定してはいない。国旗国歌法案が審議された国会でも当時の首相が、国旗の掲揚等に関し義務づけを行うことは考えていないと答弁[3]していた。君が代が国歌としてふさわしくないと思う人は歌わなくて良い、ただオリンピックのような国際的な場では国歌が必要だから、国旗国歌を定めましょうといった解決が、国旗国歌法では図られたのである[4]。

このように、現在の日本では、一般には、国歌を歌う法的義務はない。確かに、小学校や中学校の卒業式等では参列者が一同に国歌を起立斉唱している光景が見られ、生徒の声量の調査が行われた自治体もある。これは1989年の学習指導要領で国歌斉唱の指導の要請が強化されたことの影響であろうが、学校の式典等で国歌を歌うことは生徒の義務ではないのである。だから、オリンピックの会場で皆が国歌を熱唱しているときでも、「国歌を歌う」という行為が法的に強制されているわけではない。国歌を歌うかどうかは各個人が決めることであって、AさんもBさんも国歌を起立して歌っても歌わなくても良いのである。

➡3 **国旗国歌法制定時の政府見解**
第145回国会衆議院本会議における1999年6月29日の小渕恵三元首相の答弁。なお、政府見解では、日本国憲法下での「君が代」とは、「日本国民の総意にもとづき、天皇を日本国および日本国民統合の象徴とする」日本のことである。

➡4 **国旗・国歌の機能**
国旗や国歌には、2つの機能があるとされる。1つが国際社会における国家の識別機能。もう1つが、国内的な国民の統合機能である。表向きは、もっぱら前者の機能を果たすべく国旗国歌法は制定されたということになる。

2 国歌を歌わない自由は保障されているか？

それでは、Aさんは、国歌を歌うかどうか決める自由を侵害されていないのだろうか。その答えを探るために、次の展開例について考えてみよう。

> **展開例** 高校生の頃、Bさんは、公立中学時代の自分の内申書を見て、中学校の卒業式などの式典で国歌の起立斉唱を拒否したことが記載されていることを知った。Bさんは、中学時代に、担任から「式で立って国歌を歌わなければ内申書にそのことを書くぞ」と言われていたことを思い出した。

(1) **法的義務には絶対に従わなければいけないの？**　現在の日本には国歌を歌う法的義務は一般にはない。しかし、もし仮に、学校教育の場面に限ってであれ、国歌斉唱が法的に義務付けられているとするとどうだろう。Bさんは国歌を起立斉唱しなかったことについて内申書に記載されても甘んじて受けいれるしかないのだろうか。

ここで登場するのが憲法である。法律上の義務が課されている場合でも、憲

公立学校での教師に対する国歌の強制

2011年、大阪府で、公立学校の行事の際の国歌の起立斉唱を教職員に義務付ける、全国初の条例が施行された。この条例は、「伝統と文化を尊重し、それらを育んできた我が国と郷土を愛する意識の高揚」を目的の1つに掲げ（1条）、大阪府ではその後さらに、国歌を歌っているかどうか教師の口元をチェックするよう、教育委員会が通知を出したこともあった。

なお、この大阪府の条例も学習指導要領も、教師に向けられたものであり、公立学校での国歌の起立斉唱拒否事件も、君が代のピアノ伴奏拒否が争われた裁判（最判平成19年2月27日）も、教師によって提起されている。教師には、公務員として、また教育者として、AさんやBさんのような生徒や学生には課されていない義務が課されており、彼らを同列に扱うことはできない（⇒18頁❷4(2)）。しかし、教師に対しても、行き過ぎた国歌斉唱の徹底は許されるものではない。最高裁も、国歌斉唱を拒否した教師に対する「減給以上」の懲戒処分については慎重な考慮が必要となるとし、実際に東京都による減給処分を一部違法としている（最判平成24年1月16日）。

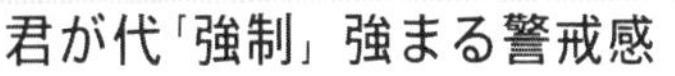
君が代「強制」強まる警戒感

大阪府の公立学校教職員に君が代の起立斉唱を義務づける全国初の条例が13日、施行された。条例案浮上からわずか1カ月で、府議会の過半数を占める首長政党「大阪維新の会」府議団が他会派の反対を押し切り、可決・成立させた。府教委や教育現場は警戒感を強めている。【田中博子、堀文彦】

「そこまでやる話じゃないよね」。6月上旬、ある府立高校職員室で、成立したばかりの君が代条例が話題に上った。起立しない教職員はおらず直接の影響はないが、「条例による強制は行き過ぎ」という点ではほぼ全員が一致した。男性教諭(49)は「それでも決まった以上仕方ない。教師が条例に従わなければ生徒にも影響するので、起立しないという選択はあり得なくなるのでは」と話す。

◇

「通常の組織なら管理者交代」「起立して歌わない教員は府民への挑戦」「組織のルールに従えないなら、教員を辞めてもらう」。5月7日午前、「大阪維新の会」の代表でもある橋下徹知事は、府幹部に一斉メールを送った。4月の府立高校入学式で不起立の教員は38人。このうち職務命令を受けていた2人が戒告処分になったことを報じる同日付朝刊を読んだ直後だった。維新の会幹部には条例案の議員提案を促した。

君が代条例を賛成多数で可決した大阪府議会(3日)とインタビューに答える橋下知事(右下)

大阪 公立校教職員に起立斉唱義務化

◆「君が代条例」骨子◆

目的	府民が伝統と文化を尊重し、我が国と郷土を愛する意識の高揚に資するとともに、府立学校、府内の市町村立学校における服務規律の厳格化を図る
国旗掲揚	府の施設で執務時間に国旗を掲げる
国歌斉唱	学校の行事で行われる国歌斉唱では、教職員は起立により斉唱を行う

思想・良心の自由「子供に教えられない」

橋下知事は元々、府教委のやり方に不満を抱いていた。99年の国旗・国歌法施行で学習指導要領に日の丸掲揚と君が代斉唱が規定され、府教委は02年、府立学校の入学式や卒業式での日の丸掲揚、教員に対する君が代の起立斉唱を文書で指導。「望ましい形」での実施率は03年度入学式で74・3%、卒業式で81・7%だったが、08年度はいずれも100%になった。

しかし、実態は不起立の教員がいても校長が実施とみなして報告しており、09年度入学式まで校長は職務命令を出さずに厳重注意でとめてきたため、職務命令違反による懲戒処分は今回の2人を含め2件6人だけ。思想・良心の自由にかかわる問題のうえ、命令を出すことで職場の人間関係がぎくしゃくするのを避け

懲戒処分減る東京「萎縮しもの言えず」

東京都教委は03年、君が代の起立斉唱を義務づける通達を出し、学校長による職務命令を徹底してきた。これまでに延べ437人を懲戒処分としたが、処分者

月に「起立斉唱命令は合憲」との最高裁判決で、訴えを退けられた。

八王子市の元中学教諭、根津公子さん(60)は今春の定年退職までに6回処分を受け、そのすべてで都との裁判を争う。大阪府条例には「東京と同様、教員が萎縮

（毎日新聞　2011年6月27日東京朝刊22頁）

法が保障する人権をその義務が侵害していると裁判所によって判断されれば、私たちはその義務を免除してもらうことができる[5]。では、国歌斉唱の義務付けによって侵害される人権があるとすれば、それはどのような人権だろう。

⑵ **国歌を歌わない自由？**　「国歌を歌わない自由」を文字通り保障する条文は日本国憲法にはない。国歌斉唱の拒否は、一般には、**憲法19条**が保障する**思想・良心の自由**の問題とされる。実際に、**起立斉唱拒否事件**[6]（最判平成23年5月30日等）でも、思想・良心の自由の侵害が問題とされた。

設例や展開例ではＢさんが国歌斉唱を拒否した理由は明らかにされていないが、君が代は国歌としてふさわしくないという**1**で紹介した思想をＢさんも持っていたのかもしれない。あるいは、Ｂさんは次のように考えたのかもしれない。自分は日本という国が好きだし君が代をすばらしい国歌だと思っているが、そう思わない人もいるかもしれない。そういう人にまで国歌を無理やり歌わせて良いのだろうか。国歌を歌うか歌わないかは高校や大学と違って自ら選択してメンバーになったわけではない「国家」という団体とどのような関係を築いていくかという、個人のアイデンティティの根幹に関わりうる問題も含む。この問題は各個人が決めるべきであって、国歌を歌うことを強制すべきではない、と。

いずれにしても、国歌斉唱拒否という行為が、単に歌うのが嫌といった理由によってではなく、何らかの思想や良心に基づいて行われたのだとすれば、そのような思想・良心の自由は憲法19条によって保障されることになる。

3　嘘とはなにか？

⑴ **法と内心**　しかし、ここでちょっと立ち止まって考えてみたい。展開例で問題になっているのは、あくまで国歌斉唱拒否という「行為」である。たとえそれがＢさんの支持する思想ゆえの行動であったとしても、なぜ思想・良心の自由の問題になるのか。というのも、①Ｂさんは国歌斉唱を自らの判断で拒否することはできている。事後的に、それが内申書に記載されただけである。また、②Ｂさんに求められていたのはあくまで国歌斉唱という行為であって、内申書で記載されたのも、Ｂさんの思想というよりは、国歌斉唱拒否という行為に過ぎない。①、②の事情があっても、思想・良心の自由の問題といえるのだろうか。

①は比較的簡単な問題である。一般に、ある行為を実行できたとしても、それに対して不利益が課される場合には、その行為を行う自由が保障されているとはいえない。Ｂさんの場合、学習指導要領が高校でも国歌斉唱の指導を教師に求めていることから、国歌斉唱拒否という事実が内申書に記載されることによって、高校の入学試験で不合格とされる可能性が作りだされており、Ｂさんは不利益を課されていると考えて良いだろう。

②は難問である。この問題を考えるには「嘘をつく」ことについて考えざるを得ない。たとえ国家が思想を押し付けたり、心の中で思っていることを告白させようとしても、嘘をつけばすむ話であるようにも思えるからである。ＡさんもＢさんも深く悩まず周りに合わせて歌えば良い。要求される通りに、心にもないことを言い、心にもない行動をすれば良いのである。国歌をさして歌いたくなくても自分の心を偽って歌っている者もいる。そもそも、法が求める行為がすべて内心と一致しなければならないとすると、法制度は成り

⇒5　法律上の義務の免除
場合によっては、その義務を課す法律が無効になることもある（違憲審査⇒4頁―7頁プロローグ**5～8**）。

⇒6　起立斉唱拒否事件
学校の卒業式等の式典での国歌の起立斉唱行為を教員に命じる職務命令が憲法に違反しないかが争われた。
東京都では、2003年に、東京都教育委員会が都立学校の校長に対して「入学式、卒業式等における国旗掲揚及び国歌斉唱の実施について」という通達を出し、この通達を受けて、各校長が、教職員に、学校の式典での国歌を起立斉唱することといった職務命令を出した。
この職務命令に従わなかった教職員が、戒告処分を受けたり、減給以上の懲戒処分を受けたりし、そもそもの職務命令や一連の処分の適法性など、さまざまな裁判が提起されたのである。
2018年には、東京都公立学校再雇用職員等の採用選考で，起立斉唱行為を命じる職務命令に従わなかった教員を，そのことを理由として不合格としたこと等が「信条」による差別的取扱として憲法14条に違反しないか等が争われた裁判で、最高裁は、「当時の再任用制度等の下において、著しく合理性を欠くものであったということはできない」と判断している（最判平成30年7月19日）。

立たないではないか。Bさんに求められているのはあくまで「行為」に過ぎず、思想・良心といった「内心」の侵害にはあたらないのではないか。

このような考えにも一理ある。ある最高裁長官によると、法というものは「行為が内心の状態を離れて外部的に法の命ずるところに適合することを以て一応満足するのである。内心に立ちいたつてまで要求することは法の力を以てするも不可能である[7]」。つまり、法とは外にあらわれる「行為」に関する要求にすぎず、その行為が行為者の心から行われることまでは要求しないのである。だから、法が要求する行為がイヤイヤ行われようと、「嘘」によるものであろうと、法的には何ら問題にはならない。そうだとすると、Bさんも「内心」としての思想･良心は侵害されていないことになりそうである。

⑵ **自発性が要求される行為**　ところが、様々な行為の中には、行為者が自発的に行うからこそ意味がある行為、つまり「心から行われる」という内心の働きをも要請する行為がある。単なる外部的な行為のみを要求する「法」にはこのような自発性が要求される行為を強要することは本来できないはずである。しかし、日本では、明治憲法の下で、思想犯を処罰したり、本来自発性が要求されるはずの行為を強要することを通じて、**「内心」を統制する試み**[8]がなされた。思想・良心の自由を保障する憲法19条が制定された背景にはこのような経緯がある。

そこで、思想・良心の自由からは、内心を統制する試みは絶対的に禁止され、内心を統制するために一定の行為を強要することも許されないことになる。特に、Bさんに強要された国歌斉唱行為は、自発性が要求される行為であり、内心を統制するために強要される可能性が高い。展開例は、十分に思想・良心の自由の問題たりうるのである。

⇒7　謝罪広告事件
これは謝罪広告事件（最大判昭和31年7月4日）における田中耕太郎補足意見である（⇒コラム2）。なお、謝罪広告事件で問題にされたのは、正確には「思想」ではなく、「良心」であった。

⇒8　「内心」を統制する試み
明治憲法の下で、特定日に「君が代」を斉唱することが国の命令や規則等によって決められていたことも、その一例である。

4　思想・良心の自由は侵害されているか？

思想・良心の自由が憲法で保障されていることから、具体的には、個人に対し、①特定の思想や考え方を望ましいものとして教え込んだり（特定の思想の教化）、②内心の告白（開示）を強制したり、③内心の思想を理由として不利益を課すことが、国には禁じられている。Bさんの国歌斉唱拒否について内申書記載という不利益を課すことが、憲法19条によって禁じられてい

思想・良心の自由が争われたこれまでのケース

思想・良心の自由が問題になるのは、もちろん国歌斉唱の場面に限られない。これまでリーディングケースとされてきた謝罪広告事件（最大判昭和31年7月4日）では、他人の名誉を毀損した者に裁判所が命じることができる「謝罪広告」について、謝罪の意思のない者に対して裁判所が謝罪を強制することが憲法19条が保障する「良心」の侵害に当たらないかが問題となった。最高裁はこの問題には真正面から答えずに謝罪広告の内容などに注目して合憲判断を下したが、田中耕太郎補足意見では、謝罪広告の強制は単なる「行為」を要求するに過ぎず憲法19条の問題ではないとの見解が示された。

他に、高校に提出される内申書に「校内において、麹町中全共闘を名乗る」「大学生ML派の集会に参加している」といった事実を記載することが思想・良心の自由の侵害に当たらないかが争われたこともある（最判昭和63年7月15日）。最高裁は、これらの記載は思想、信条そのものの記載ではなく、記載された外部的行為から思想、信条を了知することはできないから、憲法19条に違反しないとした。

また、三菱樹脂事件では、企業が採用面接の際に思想信条を調査することが憲法19条違反にならないかが争われた（最大判昭和48年12月12日）。最高裁は、企業が採用に際して思想信条と何らかの関係のある過去の行動を調査しても違法ではないと判断した。なお、現在は、職業安定法第5条の4および平成11年告示第141号により、思想・信条も含め、社会的差別の原因となるおそれのある個人情報などを採用時に収集することは、原則として認められていない。

る①〜③の侵害態様にあてはまるか考えてみよう。

⑴ **特定の思想の教化ではないか？** 君が代が国歌としてふさわしいか争いがあるように、人によって支持する思想や良心は様々である。国家がそれらの１つを「正しい思想・良心」として公定し、それを個人に教え込むことは、憲法19条に違反する行為であり許されない。

ただし、展開例について考える際には、公立中学という「学校教育」の場面の特殊性を考慮する必要がある。まず、学校教育法上の就学義務がある生徒は、「学校」という場から簡単には抜け出せない[9]。そこで、このような生徒に対しては、特定の思想を押しつけてはならないという要請が一般の場面よりも強く働く。例えば、「我が国と郷土を愛する意識の高揚」のため（目的①）の国歌斉唱の強要は、B さんの「愛」という内心を統制する試みであって、愛国心の許されない教化である可能性が高い。

他方で、「教育」には、知識の伝達を通じて一定の価値が推奨されざるをえない面がある[10]。例えば、学習指導要領が学校の式典等で国歌斉唱を求めるのは、「学校生活に有意義な変化や折り目をつけ、厳粛で清新な気分を味わい、新しい生活の展開への動機付けとなるような活動を行う」ため（目的②）である。起立斉唱拒否事件でも、学校の式典における国歌斉唱行為は、「敬意の表明の要素を含む」が、「慣例上の儀礼的な所作としての性質を有」し、一定の「歴史観ないし世界観を否定することと不可分に結び付くものとはいえ」ないとされた。つまり、判例では、国歌斉唱行為は、敬意の表明という価値を推奨することにはなっても、それは知識の伝達に伴うものであって、君が代を国歌として正当化する思想を教化するものとはされていない[11]。

このように、学校教育として許されることと許されないこととを線引きするのは容易ではない。しかし、学校に許されるのはあくまで知識の伝達であって、それが伴う価値から逸脱する行動を罰したりすれば思想の教化になろう。これについて、身につけた知識を実際に解釈しどのように行動するかを学生自身が最終的に決定できているかを指標に判断するならば、内申書記載という不利益を課すことは、許されない思想の教化である可能性が高い。

⑵ **内心の告白（開示）の強制** 内心を統制する前段階として行われることが少なくない「内心の告白強制」を防ぐためにも、**沈黙の自由**[12]が保障されている。国歌斉唱が前記目的①で強制されると、国歌斉唱拒否からは愛国心の欠如という内心が推知されることになるだろう。これは許されない。

これに対し、目的②で行われた場合には、国歌斉唱を拒否するという行為を選択せざるを得なくなったBさんが内心の告白を強要されたと感じたとしても、その推知された内心ゆえに不利益が課されるとは考えにくく、内心の告白強制とみなされる可能性も低い。

⑶ **内心の思想を理由とする不利益取扱** 前記目的①で国歌斉唱行為が強制された場合、それを拒否した者に不利益を課すことは、「内心の思想を理由とする不利益取扱」にあたる。これに対し、目的②で行われた場合、それを拒否した者に不利益を課したとしても、必ずしも「内心の思想を理由とする不利益取扱」にあたるとはいえない。

ただし、多くの人にとっては表面的で儀礼的な行為にすぎない学校の式典での国歌斉唱が、Bさんにとっては、内心と切り離して行える行為ではなく、自分の内心を偽って国歌斉唱することは自己の否定を意味する可能性があ

➡9 囚われの聴衆
生徒がおかれているこのような状態を**「囚われの聴衆」**という。

➡10 教育と価値観
学校教育の対象を知識や技能を伝達する教科教育に限定していくとしても、価値観の形成に何らかの影響を与えることは避けられない。例えば、教科教育の１つである国語の授業でも、詩を朗読する教師の抑揚から生徒は教師の何がしかの価値観を感じ取る可能性はある。

➡11 起立斉唱拒否事件の最高裁多数意見における君が代の評価
最高裁は、当該事例では、思想の自由は侵害されていないと判断した。これは、君が代が国歌としてふさわしいという判断を下したからではない。思想の自由の問題は、君が代の国歌としてのふさわしさの問題とは区別されなければならない。

➡12 沈黙の自由
沈黙の自由は、本文で触れた以外に、保持している思想に反する思想の表明を強制されないという意味での「消極的表現の自由」として議論されることもある。

る。このような場合については、保障される内心の内容を事前に特定することはできないから、ある行為の強制が思想・良心の自由の侵害にあたるか否かを個別に判断することになる。

この点について、判例は、国歌斉唱は、「国歌に対する敬意の表明の要素を含む行為」ではあるとした上で、なぜそのような行為が求められるのか（必要性）、その行為を拒否した場合具体的にどのような不利益が課されるのか（合理性）を審査している。展開例でも、国歌斉唱が要求される理由や必要性、Bさんが受ける不利益の程度を考慮して結論が下されることになろう。

5　それではAさんは？～設例の考察～

設例のAさんと展開例のBさんを比べてみると、国歌の起立斉唱が、①誰によって②どのように強制されているか、という点で大きく異なっている。

①については、展開例が公立中学という公権力による国歌斉唱の強制であるのに対して、設例に国歌斉唱を強制する公権力は存在しない。この場合、憲法上の人権の**私人間効力**[13]という観点からすると、Bさんのように思想の自由を持ち出すことすら、Aさんにはできない可能性がある。

また、②についても、設例は学校教育の場面ではないし、何らかの思想を押し付けるために国歌斉唱が行われているわけでもない。歌わなかったからといってAさんに法的に不利益が課されるわけでもない。Aさんは周りが起立している中で起立しないことによって受けるかもしれない「他者の視線」を気にしているにすぎないのである。

しかし、思想・良心の自由の問題において、「視線」の問題は深刻である。国歌斉唱には、国民統合機能があるということからするとなおさらである。厳かな雰囲気の中、皆が熱く国歌を斉唱するとき、私たちは自分自身で国歌を歌うかどうかを決めることができているだろうか。他の多くの者と同じ行動をとることで安堵し、他者の視線があるだけで無難な行動を取ろうとする傾向が私たちにはある。その上、私たちは、自分の思想と相容れない思想を排斥しようとしがちである。社会の多くの人が支持する思想であればある程、このような傾向を利用してその思想を強要してはいないか、慎重さが求められる。Aさんには、これらのことを自ら考えて、国歌を歌うかどうかを自分で決める自由が保障されているのである。

13　人権の私人間効力
憲法が保障する人権は本来公権力に対し主張するものであって、私人に対し憲法を根拠に人権を侵害しないよう主張することは、必ずしもできない（⇒4頁プロローグ**人権を侵害するのは誰？**）。

資料❶　J. S. ミル『自由論』

思想の自由は、何よりもまず、国家権力による侵害から守られなければならない。そこで、一方では、社会における個々人の思想の自由を確保するために、設例のような私人間の関係については、個々人の自由な判断に委ね、国家は立ち入るべきではないということになる。しかし、他方で、多くの人が同じ考えを抱いている社会では、「みんなと違う」考え方や生き方が、社会を構成する人々によって抑圧されるおそれもある。ミルの『自由論』はこの危険を警鐘する。「みんなと同じ」ことを良しとする傾向の強い日本では特に、「考え方や生き方が異なるひとびとに、自分たちの考え方や生き方を行動の規範として押しつけるような社会の傾向」からも思想の自由が保障される必要があるとするミルの指摘を、心に留めておく必要があるだろう。

「多数派の専制は、その他の専制と同様、最初は主に国家権力の行為としてイメージされ、恐れられた。普通の人はいまでもそう考えている。しかし、深く考える人はちがった見方をする。社会それ自体が専制的になっているとき、——すなわち、集団としての社会が個々の人間を抑圧するとき——その抑圧の手段は、政府の役人が行う活動のみに限られるものではない、というのである。……通常、それは政治的な圧迫のように極端な刑罰をちらつかせたりしないが、日常生活の細部により深く浸透し、人間の魂そのものを奴隷化して、そこから逃れる手立てをほとんどなくしてしまう……。したがって、役人の専制から身を守るだけでは十分ではない。多数派の思想や感情による抑圧に対しても防御が必要だ。」（J. S. ミル／斉藤悦則訳『自由論』〔光文社古典新訳文庫〕（光文社、2012））

教えに反する授業を休んでもいいですか？

▶信教の自由・政教分離

設例　Aさんが入学した公立高校では、体育科目のひとつとして剣道の授業が必修とされていた。しかし、Aさんが熱心に信仰する宗教の教えによると、剣道を含む格闘技の実践は禁じられている。そこでAさんは剣道の授業を欠席し、レポートを提出するので単位を認定してほしいと体育の先生に申し出たが即座に断られてしまった。その後もAさんは剣道の授業を欠席し続けたため、体育の単位取得は認められず、体育以外の成績は極めて優秀であったにもかかわらず2年続けて留年し、結果として退学処分となってしまった。

憲法20条第1項　信教の自由は、何人に対してもこれを保障する。いかなる宗教団体も、国から特権を受け、又は政治上の権力を行使してはならない。
第2項　何人も、宗教上の行為、祝典、儀式または行事に参加することを強制されない。
第3項　国及びその機関は、宗教教育その他いかなる宗教的活動もしてはならない。
憲法89条　公金その他の公の財産は、宗教上の組織若しくは団体の使用、便益若しくは維持のため、又は公の支配に属しない慈善、教育若しくは博愛の事業に対し、これを支出し、又はその利用に供してはならない。

はじめに

Aさんが信仰する宗教の教えによると、人を傷つけるための格闘技は行ってはならないとされる。幼いころから信仰の道を歩んできたAさんにとって、この教えを破ることは自分のこれまでの人生を否定されることにも等しい。それにもかかわらず、Aさんは退学処分を避けるために、自分の信仰を曲げて剣道の授業を受けなければならないのだろうか。Aさんが自らの信仰を守るためには、憲法上どのような権利の保障を主張することができるだろうか。一方、学校の立場になって考えるとどうだろうか。剣道の授業の代わりにレポートを提出させて単位を認定した場合、Aさんを、ひいてはAさんの信仰する宗教を、学校が特別扱いしていることにならないだろうか。学校には、様々な信仰を持つ生徒（あるいは持たない生徒）が集まってくる可能性がある。学校側は、生徒各自の多様な信仰（あるいは無信仰）に対して、できるだけ中立性を保つことが望ましいだろう。では、その宗教的中立性とは何を意味するのだろうか。

1　宗教戦争から信仰の自由の保障へ

今どきの18歳の皆さんは、手塚治虫の「ライフワーク」、『火の鳥』を読まれることがあるのだろうか。『火の鳥』は、古代の地球から未来の宇宙までを舞台にして、人間の業や生命の尊さを壮大なスケールで描いた連作漫画作品である。『火の鳥』各編のうち、設問に関連してぜひお読み頂きたいのは『太陽編』である。『太陽編』では、外来宗教である仏教と日本土着の宗教が相争う7世紀の日本と、火の鳥を信仰する宗教団体「光」が社会を支配する21世紀の日本とが交錯しながら、物語が展開していく。そこで描かれるテーマのひとつは、宗教戦争の悲惨な歴史である。

中学や高校の世界史で勉強するように、宗教を巡る人間の争いの歴史は非常に長い。信仰が自らの人生そのものであるとしたら、宗教を巡る争いは争う者同士の存在をかけた徹底したものになるだろう。権力者間の政治的対立がそこに絡めば、事態はより一層深刻になる。そこで、血で血を洗う宗教戦争の末にたどり着いた解決策が、宗教的寛容であった。自分とは異なる信仰者の存在を許容し、さらには権力者の信仰を強制されない自由が徐々に確立されていったのである。19世紀近代市民革命期の人権宣言や憲法に、信教の自由の保障が書きこまれた背景にはこのような歴史的事情がある。[1]

2 1人ひとりの信仰を大切に

日本においては、戦前の明治憲法28条が初めて信教の自由を保障した。しかし、「神社は宗教にあらず」とされた神社神道が事実上の国教的宗教として優遇され、他宗教に対する冷遇や弾圧が行われるという出来事を経験した。その歴史的反省から、戦後の日本国憲法は冒頭のような詳細な定めを置く。20条の最初の文章は信教の自由を、それ以外の文章は政教分離原則を保障している。政教分離原則については後で詳しく検討することにして、ここでは信教の自由の保障内容を確認しておこう。信教の自由[2]は、①信仰の自由、②宗教的行為の自由、③宗教的結社の自由の3要素から構成される。

①の信仰の自由とは、個人が誰にも邪魔されることなく自由に宗教を選択し、宗教の教えに従った生活を送る自由である。個人の信仰は原則として尊

➡1 1789年人権宣言における信教の自由

1789年フランス人権宣言も、その10条において、「何人も、その意見の表明が法律によって定められた公の秩序を乱さない限り、たとえ宗教上のものであっても、その意見について不安を持たされることがあってはならない」と定める。意見の自由の一部としてしか信教の自由を保障できなかったという点に、長い宗教戦争の傷跡をみることもできるかもしれない。

➡2 宗教の定義

信教の自由が対象とする宗教について、「超自然的、超人間的本質」の存在を畏敬崇拝する信条と行為と定義した下級審判例がある。厳密に定義しようとすると、保障対象が過度に限定されてしまうおそれがあることに注意が必要であろう。

資料❶ 地下鉄サリン事件から25年

1995年	3月	地下鉄サリン事件の発生
	10月	東京地裁、宗教法人法に基づく「宗教法人オウム真理教」の解散命令を決定
	12月	宗教法人法の改正（所轄庁の変更、事務所備付け書類作成・提出義務、所轄庁による報告徴収・質問権等を新たに規定）
1996年	1月	最高裁、宗教法人法に基づく「宗教法人オウム真理教」の解散命令を合憲と判断
1997年	1月	公安審査委員会、「破壊活動防止法」の適用請求を棄却
1999年	12月	「団体規制法」の成立（無差別大量殺人行為の再発防止を目的とした観察処分・再発防止処分等を規制措置として規定）
2000年	2月	公安審査委員会、「団体規制法」に基づく観察処分の適用を決定（最長3年間に渡って、全構成員の氏名・住所等を定期的に報告する義務や公安調査官による立入検査を受忍する義務が発生） 後継団体「アレフ」の結成（後に「Aleph」と改称）
2001年	6月	東京地裁、観察処分を合憲と判断（無差別大量殺人行為再実行の危険性の判断について、具体的危険性を前提とした合憲限定解釈を施す）
2003年	1月	公安審査委員会、観察処分の第1回期間更新決定
2004年	10月	東京地裁、観察処分・第1回期間更新決定を合憲と判断（2001年の東京地裁判決が施した合憲限定解釈を否定）
2006年	1月	公安審査委員会、観察処分の第2回期間更新決定
	9月	松本智津夫に対する死刑判決確定
2007年	5月	非主流派による分派団体「ひかりの輪」の結成
2009年	1月	公安審査委員会、観察処分の第3回期間更新決定（「Aleph」および「ひかりの輪」の両団体が対象）
2011年	12月	東京地裁、観察処分・第3回期間更新決定を合憲と判断
2012年	1月	公安審査委員会、観察処分の第4回期間更新決定
2013年	1月	東京高裁、2011年東京地裁判決をほぼ維持し、観察処分・第3回期間更新決定を合憲と判断
	12月	最高裁、上告棄却決定
2015年	1月	公安審査委員会、観察処分の第5回期間更新決定（「その体質はいまだ閉鎖的・欺まん的」とされる）
2017年	9月	東京地裁、「ひかりの輪」に対する観察処分・第5回期間更新決定を違法として取消
2018年	1月	公安審査委員会、観察処分の第6回期間更新決定
	7月	松本元死刑囚ら13人の死刑執行
2019年	2月	東京高裁、第一審東京地裁の違法判断を取り消し、「ひかりの輪」の請求棄却
2020年	3月	最高裁、上告棄却決定

重されなければならず、信仰を理由に不利な扱いを受けたり、差別されることは許されない。また、信仰告白を強制されない自由を含むとされている。例えば、江戸時代にキリスト教信者をあぶり出すために行われた「踏み絵」は、信仰の自由に対する不当な制限になる。信仰の自由は、上に述べたような長い宗教戦争の歴史からして、最も重要な自由の1つである。②の宗教的行為の自由は、宗教の教義に基づいて儀式や布教活動などを行う自由である。また、儀式や布教活動を強制されない自由も含んでいる。③の宗教的結社の自由は、信仰を同じくする者が団体を結成し、宗教的活動を行う自由のことである。宗教団体内部のことは、公権力の介入を受けることなく団体の意思で決定することができる。また、信者が自らの意思で団体に加入し、または脱退する自由が含まれる。

信仰の自由が心の中の自由であるとすれば、宗教的行為の自由と宗教的結社の自由は、心の中のことを実際に行う自由ということになる。このため、信仰の自由の保障は絶対的であるとされる。これに対して、宗教的行為の自由と宗教的結社の自由は、実際の行動を伴うため、憲法上の他の利益との調整が必要とされる場合がある[3]。

設例を検討する上で確認しておきたい点は、まずは個人の信仰が尊重されなければならないということである。設例で学校側は、Aさんの信仰に対して一切配慮をしないまま退学処分の決定を行った。退学処分はAさんの生徒としての立場を奪ってしまう重大な措置であり、Aさんにとっては理不尽な仕打ちということになるだろう。Aさんは、学校側が信仰の自由に対して慎重な配慮をはらうべきだったと主張することができるだろう。しかし、そこで問題となるのが、学校の宗教的中立性ないし政教分離原則である。

3　政教分離って何？

先に紹介した『火の鳥・太陽編』では、主人公と火の鳥が宗教戦争の「むごさ」を議論するシーンが登場する。火の鳥は、「宗教のむごいあらそい」は「とめようがありません」としつつ、「わるいのは宗教が権力とむすばれた時だけです　権力に使われた宗教は残忍なものですわ」と述べる。確かに上記の宗教戦争の歴史を見れば、宗教と政治が結び付いたときに、様々な弊害が生じることは歴史的経験が明らかにするところである。そこで多くの国が、政教分離を憲法上の原則として導入するに至っている。

政教分離とは、政治と宗教が互いに距離を採り、国家が特定宗教を公認・優遇または迫害・差別することを禁止するということを意味する。これは国家が宗教に対して、中立性を保つということでもある。その理由としては、まず、宗教的対立が政治に持ち込まれることにより、政治の領域が分断されてしまうことを防ぐということがある。また、政治と癒着することによって宗教が堕落してしまうことを防ぐという意図もある。そしてなにより、政治から不当な介入を受けることの無い信教の自由の領域を、より効果的に確保するという根本的な目的がある。したがって、政教分離原則と信教の自由の保障は、密接不可分の関係にあるのである。

政教分離を採用した国としては、日本の他にアメリカ[4]やフランス[5]が典型的である。ただし、政教分離が唯一の選択肢というわけではなく、各国における政治と宗教の関係は多様である[6]。

➡3　加持祈禱事件
例えば、宗教的行為により人を死に至らしめた僧侶が傷害致死罪に問われた加持祈禱事件（最大判昭和38年5月15日）がある。この事件においては、たとえ宗教的行為であったとしても、他人を死に至らしめた行為である場合には、刑法上処罰の対象となりうることが認められた。

➡4　アメリカの政教分離
合衆国憲法修正1条は、法律による国教樹立の禁止を定める。「教会と国の分離」とされるこの禁止規定を巡っては、特に学校への公的補助や教育内容に関連する多くの判例の蓄積がある。

➡5　フランスの政教分離
第5共和制憲法1条は、フランスを非宗教的な共和国と定める。19世紀末の政府とカトリック教会の対立から生まれたこの非宗教性原則は、イスラム系移民が増加した今日、新たな局面を迎えている。

➡6　多様な政教関係
イギリスは国教制度を維持し、ドイツやイタリアは公認宗教制度を採っているとされる。しかし、これらの国において国教や公認宗教以外の宗教に対して迫害が行われているというわけではない。これらの国においても広く宗教的寛容が確保され、多様な宗教活動の自由が認められている。

日本国憲法は、上記のように、宗教団体への特権付与や政治上の権力行使の禁止（20条1項後段）、国による宗教的活動の禁止（同2・3項）、公金支出の禁止（89条）を定め、政教分離原則の採用を明らかにしている。このような様々な禁止の背景には、先に紹介したような歴史的反省がある。

政教分離といっても、宗教に敵対的な分離ではないし、宗教を完全に排除する絶対的な分離でもない。国家と宗教の分離を絶対的に貫徹しようとすると、むしろ信教の自由の保障が脅かされる場合があるからである（例えば、刑事施設における教誨師）。そこでどの程度まで国家と宗教のかかわり合いが許されるかが問題となる。

その判断基準とされてきたのが、目的・効果基準である。最高裁はこの基準を、①問題の行為の目的が宗教的意義を持つか否か、②問題の行為の効果が宗教に対する援助、助長、促進または圧迫、干渉等になるか否か、という2要件から構成される基準として採用した（津地鎮祭事件）。この基準については、曖昧さを疑問視したり、判断の決め手にはなっていないのではないかとの指摘もあるし、モデルとされたアメリカにおける基準（**レモン・テスト**[7]）との違いやその動揺（**エンドースメント・テスト**[8]）が指摘されることもある。

実際に政教分離違反が問われた事例として、市体育館建設の際に行われた神道式地鎮祭への公金支出が合憲とされた津地鎮祭事件（最大判昭和52年7月13日）や、県知事が神社に対して玉串料の名目で公金を支出した行為が違憲とされた愛媛玉串料訴訟（最大判平成9年4月2日）がある。また、宗教団体に対する市有地の無償貸与が違憲とされた空知太神社事件[9]（最大判平成22年1月20日）では、目的効果基準が登場しなかった。いずれも**住民訴訟**[10]で地方自治体と宗教とのかかわり合いが問題となった事件である。

もし、Aさんの信仰を尊重するために、学校側が配慮して代替措置を採った場合、学校の宗教的中立性、ひいては政教分離原則に反することとなるのだろうか。この点に関連して特に再確認したい点は、政教分離原則の根本目的が信教の自由の確保であるという点である。教育の場において学校側が宗

➡7　レモン・テスト
目的・効果基準は、アメリカの憲法判例におけるレモン・テストを参考にしている。この基準には「問題の行為が宗教との過度のかかわり合いを促すものか」という目的・効果基準からは省略された第3の要件があり、3つの要件のうち1つにでもあてはまれば違憲と判断される厳格な基準である。

➡8　エンドースメント・テスト
上記のレモン・テストについてはアメリカにおいても根強い批判があり、アメリカ連邦最高裁は、政府の行為のメッセージ性が特定の宗教の是認に当たるかという点を重視する基準を使用することもある。

➡9　空知太神社事件
空知太神社事件において目的効果基準が使われなかった理由については、例えば、従来の事例は世俗性と宗教性が同居するケースであったのに対し、本件は宗教性が明白であった点、あるいは長年の無償貸与という継続性が特徴的である点が挙げられている。さらなる判例の蓄積と検討が待たれるところである。

➡10　住民訴訟
政教分離関連訴訟で活用されるのが、地方自治法242条の2の定める住民訴訟である。この訴訟において地方自治体の住民は、自治体の公金支出や財産管理の違法性を問う形で、政教分離違反の有無を裁判所に審査してもらうことができる。

コラム！ 内閣総理大臣による靖国神社参拝問題

政教分離原則に関連して、政治的にも社会的にも議論を呼び起こし続けている問題が、内閣総理大臣による靖国神社参拝問題である。靖国神社には、幕末以降の様々な戦争や事件において命を落とした人々が「英霊」として祀られている。明治憲法下においては国の管理下にあったが、戦後、GHQの神道指令によって国家神道体制が廃止され、靖国神社は宗教法人の1つとなった。

特に中曽根内閣および小泉内閣における参拝に対しては、多くの損害賠償請求訴訟が提起されている。しかし最高裁は、原告に被侵害利益が無いことを理由としていずれの訴えも斥けている。適法に出訴するためには、自己の権利利益が具体的に侵害されていることを立証しなければならないからである（具体的事件性の要件）。しかし、内閣総理大臣の参拝行為によって他者のいかなる権利利益が侵害されたかを立証することは困難であろう。

この問題は、戦前の反省に基づいて政教分離規定が憲法に設けられたという歴史的経緯からすれば、特に重要な意味を持つはずである。しかし、住民訴訟という手段が確保されている地方自治体の場合とは異なって、国の機関である内閣総理大臣の参拝行為を適法に審査する方法が確保されていないため、裁判所に正面から憲法判断を求めることは難しいのが現状なのである。

ただし、下級審の中には、傍論（主文を導くにあたって直接的に必要ではない判断部分）において参拝行為の違憲性を指摘したものがある（例えば、中曽根首相の参拝について大阪高判平成4年7月3日、小泉首相の参拝について大阪高判平成17年9月30日）。その主な理由としては、靖国神社は宗教法人であること、参拝行為は宗教活動であること、国内外から反発が表明されたこと、儀礼的・習俗的な行為とはいえないこと等が挙げられている。

確かに、戦没者の慰霊や遺族の慰藉を国が行うということはありうることであろう。しかし、一宗教法人ではなく政府が設置した慰霊施設「千鳥ケ淵戦没者墓苑」の存在や、「特定の宗教と特別のかかわり合いを持つ形でなくても」慰霊・慰藉を「行うことができる」（愛媛玉串料訴訟）との指摘をどう考えるべきであろうか。

教的中立性を維持する必要があるとしても、機械的に中立性を優先するとかえって信教の自由を妨げてしまう結果になりかねないのである。

4 Aさんは剣道の授業を欠席してもいいのか？

以上の確認を前提として、冒頭の設例を検討してみよう。実例として参考になるのは、エホバの証人剣道実技拒否事件（最判平成8年3月8日⇒24頁❸5参照）である。この事件においては、Aさんと同様の経過を経て、高等専門学校の学生が退学処分となった。最高裁は、学生の主張を認め、処分を違法と判断した。

⑴ **信仰の有無**　まず、Aさんが本当に真摯な信仰を有しているのかという問題がある。もしかするとAさんは授業を怠けたいがために、偽りの信仰を理由として剣道の実践を拒否しているのかもしれない。しかし、Aさんの信仰の真摯さを確認するために、裁判官がAさんの信仰生活の細部に立ち入って厳密に審査すれば、かえってAさんの心の自由を脅かす結果となりかねない。したがって、信仰の真摯さを確認するに当たっては、例えば信徒として教会に通っていた形跡があるか、あるいは教義の一般的内容はどのようなものかというような外形的な事実の確認に留めた方が適切であろう。そのような事実が確認されたとすれば、信仰に反する行為を避ける権利がAさんにまずは認められるということになるだろう。

⑵ **不利益の重大さ**　次に、剣道の授業を拒否した場合に、Aさんに課される可能性のある不利益の程度や性質も問題となる。退学処分は、学生の身分を剥奪し、学校外に排除してしまう極めて強力な措置である。このため最高裁は、「教育上やむを得ないと認められる場合に限って退学処分を選択すべき」と条件を付け、「特に慎重な配慮を要する」とした。剣道実技の必修化は、Aさんにとっては「自己の信仰上の教義に反する行動を採ることを余儀なくさせられる」という性質を有するのであり、処分の重大性からしても、それ相応の強い根拠がなければ、正当化は難しくなるだろう。

⑶ **剣道の必要性と代替措置の可能性**　普通高校や工学を専門とする学校において、剣道実技を必修とすることにそれほど高い必要性があるとは考えにくい。選択必修であればともかくとしても、武道を専門とするわけではない学校において、何が何でも剣道を履修しなければ教育効果が上がらない、とは必ずしもいえないであろう。

そこで、代替手段の余地を検討する必要が生じる。体育科目の教育目的を同じように達成することができ、Aさんの信仰する教義にも反しない別の措置があるのであれば、それを採用した方が合理的といえるだろう。例えば剣道の授業を見学した上でレポートを提出するといった代替措置を、他の学生が不公平感を持たないような形で採ることは、それほど難しいことではないはずである。それにもかかわらず、校長は、代替措置の可能性を検討せず、体育科目が不認定とされた主な理由やAさんの優秀な成績を考慮せずに、あえて不利益重大な退学処分を下した。最高裁は、このような判断過程を経てなされた処分は著しく妥当を欠くとして、校長の裁量権の範囲を超える違法なものと判断した。Aさんについても、同様のことが言えるだろう。

⑷ **宗教的中立性の問題**　最後に問題になるのは、政教分離原則との関係[➡11]である。一定の水準の教育を国全体で実施する公教育の領域においても、

➡11 **日曜日授業参観事件——信教の自由と政教分離の衝突**
教会での日曜学校と、日曜に行われた公立学校での授業参観が重なったため、後者の欠席を余儀なくされた事件（東京地判昭和61年3月20日）では、生徒が求めた欠席記録の削除は認められなかった。この事件における不利益の程度はより小さいといえる。

政教分離原則の遵守が求められる。したがって、特定の宗教を援助、助長するような宗教教育や措置は、公教育の宗教的中立性という観点から、原則として行ってはならないことになるだろう。しかし、この点を徹底し過ぎると、宗教的活動への配慮や代替措置の可能性が一切排除されてしまう結果となりかねない。この点について本件控訴審（大阪高判平成6年12月22日）は、代替措置の検討は、信仰を持つ学生に「有利な学習条件」や「特に有利な地位」を与えるものではなく、可能な限り教育を受ける機会を保障するものであり、特定の宗教を援助、助長または圧迫、干渉する効果を持つものではないと評価する。最高裁も同様の判断を下しており、上記のように政教分離の目的が信教の自由の保障であることからしても、このような評価の方が適切であろう。Aさんへの配慮は、直ちに宗教的中立性に反するとはいえないだろう。

5　わたしたちに身近な宗教問題

お正月に神社にお参りし、バレンタインデーにはチョコを心待ちにし、お盆にはお墓に線香をお供えし、クリスマスにはサンタさんからのプレゼントにワクワクする多くの日本人にとって、特定の信仰を守り抜くという態度はなかなか理解されにくいことかもしれない。しかし、困難な状況にあったり、生きる意味を失いかけている人にとって、宗教はなお唯一の救いとなることがある。また、個人主義が普及した社会において、人と人とが絆を取り戻す1つの機会として、お祭りのような宗教的行事が重要な役割を果たす可能性もある。さらに、人の移動が活発化するグローバル化の時代においては、従来出会うことのなかった多様な宗教を信仰する人が、我々の隣人となる可能性がある。大学で、職場で、趣味やスポーツの場で、様々な信仰生活を送る人々への配慮を忘れないことがますます大切になっていくだろう。その意味で信教の自由を保障し、政教分離を確保することは、今後もなお重要なことといえるだろう。

フランスにおけるイスラム・スカーフ問題

現在ヨーロッパにおいては、戦後になって増加したイスラム教徒との共生が大きな課題となっている。戦後の高度経済成長期における労働力不足や植民地独立戦争期の混乱という事情から、ヨーロッパ諸国には大量のアラブ系、アフリカ系、トルコ系移民が流入した。そこで生じた問題の1つが、世俗性や政教分離を前提とするヨーロッパ諸国において、イスラム教徒の信教の自由をどこまで尊重するのかという問題である。

特に議論を呼んだのは、公的な空間におけるイスラム・スカーフ着用の是非である。特にフランスにおいては、2004年に公立学校におけるスカーフ着用が、2010年には公共空間（公道、公衆に開かれた場所、役所）におけるブルカ等の着用がそれぞれ禁止された。スカーフを職場で着用した労働者の解雇事件も相次いでいる。

スカーフの着用はイスラム教徒の女性にとって、まさに自らの宗教的アイデンティティの表明であり、宗教的表現の自由の行使の一環でもある。しかし、公共空間に宗教に関する事柄を持ち込むべきではないとするフランスの非宗教性（ライシテ）原則からすると、一定の場所における着用は断じて認められないということになる。さらに、着用すると顔が見えなくなってしまうブルカの着用は、「共生」を拒否するものであり許されないとされた。

また、スカーフやブルカを着用するのは女性だけであり、男性の家族から着用を強制された事例もあったことから、これらの衣服は女性差別的であり、男女平等の観点からしてもこれを禁止すべきとの主張が盛んになされた。これに対しては、強制の事例は少数であり、むしろ自らの意思でスカーフやブルカを着用している女性もいるとの反論がなされている。

この問題は、グローバル化や欧州統合の進展により、フランス共和国のアイデンティティが徐々に後退を迫られる中、フランスとしては国家アイデンティティの1つとしての非宗教性原則にこだわりたいという事情がある。しかし、非宗教性原則を前提としない文化をアイデンティティとする信仰者にとっては、困難な宗教生活を強いる結果となっている。

「お前ら日本から出ていけ」と叫んでもいいですか？

▶表現の自由

設例　A国からの留学生Bは、街中で、とある政治団体主催のデモ行進に出くわした。デモの参加者は口々に「A国は悪質な国家であって、A国の国民は普く劣った人種の者たちで犯罪者も同然だ。国内のA国民を日本から追い出さなければならない！」等と叫んでいて、見ていたBは怒りと悲しみに襲われた。

憲法21条第1項　集会、結社及び言論、出版その他一切の表現の自由は、これを保障する。

　第2項　検閲は、これをしてはならない。通信の秘密は、これを侵してはならない。

1　ヘイト・スピーチって何ですか？

展開例　さらにBがデモを眺めていたところ、デモ参加者のCがBに気付いて近づいてきて「お前はA国人か。じゃあ犯罪者予備軍だな。殴られたくなければさっさと帰国しろ！」などと怒鳴ったので、Bは身の危険を感じて、逃げるようにその場を後にした。

　ヘイト・スピーチとは、対象となる者を人種、民族、宗教等の属性・アイデンティティに基づいて罵（ののし）ったり、貶（おとし）めたり、社会からの排斥を主張したりする表現を指す。日本ではここ10年ほど、在日韓国・朝鮮人に向けて発せられるヘイト・スピーチが社会問題となっている。ヘイト・スピーチは、個人や法人を名指しして向けられるもの（展開例参照）と人種や民族といった集団そのものを対象とするもの（設例参照）とに区分できるが、前者に対しては現行法で対処できることも多い。例えば、ある朝鮮学校の門の前で数度にわたり、拡声器を用いて「ここは北朝鮮のスパイ養成機関」「不逞な朝鮮人を日本から叩き出せ」等と叫びデモ活動をしたことが裁判で争われた事件がある。デモをした団体や個人に対しては、学校の正常な業務を妨害したとして威力業務妨害罪や器物損壊罪の成立が認められたほか、学校法人に対する**侮辱の罪**[1]も認められ、執行猶予つきの懲役判決が確定している（最決平成24年2月23日）。さらに民事では、業務を妨害し学校法人の名誉を毀損したとして合計1200万円以上の損害賠償の支払いが命じられている（最決平成26年12月9日）。展開例のケースなら、Cは名誉毀損や脅迫の罪に問われる可能性があるだろう。

　ところが、現在の日本には集団そのものに向けられたヘイト・スピーチを処罰する法律はない（⇒コラム3）。外国にはこれを規制する法をもつ国も多く、日本でも、特定の人種、民族等を名指しして誹謗中傷した者にペナルティを科す法規制を導入すべきだとの見解が唱えられている。他方、憲法学者のな

➡1　**侮辱罪**
　刑法学の通説的見解によれば、刑法231条にいう侮辱とは事実を摘示しない表現によって他人の社会的評価を低下させる行為を指す。民事でも不法行為となりうる。

かには、集団に向けられたヘイト・スピーチから生じる害悪が表現規制を正当化しうるほどのものかに確信が持てず、あるいは、規制を始めると憲法21条によって保護される正当な表現まで取り締まりの対象になったり、将来、人々の正当な表現を萎縮させたりするのではないかとおそれて、規制に慎重な態度をとる者も少なくない。その背景には、憲法学において表現の自由が様々な人権のなかでも重要なものと考えられ、それに対する規制の合憲性は特に慎重に検討されなければならない（表現の自由の優越的地位）と言われてきた経緯がある。それはどうしてだろうか。

2 表現の自由はなぜ大事にされるべきなのですか？

(1)「表現」とは？　そもそも「表現」とは、情報（思想や意見、事実）を何らかの手段で他者に向けて発信することを意味する。とすれば、憲法が保護している行為のなかには、言語による口頭でのコミュニケーション行為や書籍・テレビ・インターネット等の媒体を通じての意見表明や事実報道のほか、絵画・音楽・彫刻のような芸術的表現も含まれることに疑いはない。また、21条1項は集会の自由も保護することにしており、“動く集会”とみることができる**デモ行進**[2]もまた同条の保護対象に含まれる。

(2) 保障の根拠　自分の見解や感情を他者に伝えるこうした各種の表現行為は、社会のなかで生きる動物である私たち人間の諸活動のうちでも基本的なものといえるだろう。社会にあって他者とコミュニケートし、人々から共感を受け、あるいは批判されて、自身の考えを深めたり改めたりする一連の流れのなかで私たちは自らの立ち位置を理解し、自分自身を形作っていく（人格を発展させる）のだと考えられる。だとすれば、私たちが自己を形成し発展させ、自分らしく生きていくためには、自由な表現を可能とする環境が整っていなければならないということになる。以上のことを指して表現の自由は自己実現の価値をもつといわれる。

また、表現の自由保障は民主政治にも資する。つまり、民主制国家では、

➡2 集団行動に対する規制
多くの都道府県の公安条例は、行動を伴う表現である集団行進や集団示威運動を許可制の下においている。最高裁は「平穏静粛な集団であつても、時に昂奮、激昂の渦中に巻きこまれ、甚だしい場合には一瞬にして暴徒と化」すという認識のもと、「不測の事態に備え、法と秩序を維持するに必要かつ最小限度の措置を事前に講ずることは、けだし止むを得ない」と述べた（最大判昭和35年7月20日）。

公の施設と集会の自由

集会開催を検討するとき、大規模集会を開催するだけの収容能力をもった施設は限られており、市町村が設置・運営するホール等が規模や立地の観点から最適の施設と判断されることも少なくない。地方公共団体が住民の福祉増進を目的として設けているこうした施設を「公の施設」という。ところが、地方公共団体はたいてい公の施設の利用にあたって事前に許可を受けることを条件としているため、必ず施設を利用できるとは限らない。自由権である集会の自由は、本来的には集会開催を公権力によって妨害されない権利であって、公権力に自らの権利行使をサポートするよう求めることまではその内容に含まれないと考えられるので、地方公共団体が施設の利用許可を与えないことをもって直ちに集会の自由への規制といえるわけではない。

しかしながら、施設利用の不許可は規制とは言えないとしても、仮に集会の内容や主催団体の性質によって恣意的に許否が決せられるとすれば、これを見過ごすことはできない。地方自治法も「正当な理由がない限り、住民が公の施設を利用することを拒んではならない」とちゃんと定めている（244条2項。3項も参照）。正当な理由のなかには、施設のキャパシティの問題や先着順などが当然含まれる。争いとなるのは「管理上支障があるとき」とか「公の秩序を乱し、善良な風俗を害するおそれがあるとき」といった理由によって不許可が決まるときである。

最高裁は、「公の秩序をみだすおそれがある場合」には市民会館の利用を不許可にできると定めた泉佐野市の条例の解釈として、不許可は「人の生命、身体または財産が侵害され、公共の安全が損なわれる……明らかな差し迫った危険の発生が……客観的な事実に照らして具体的に明らかに予測され」る場合に限られると限定的に解し、集会の自由が実質的にも否定されることがないよう配慮した判決を下した（最判平成7年3月7日）。

人々が政治的理念を訴えたり、政策への賛否を議論したりする「政治的意見表明の自由」が確保されていてこそ、政治的な論点が明確になり、政策を練り上げ、討論し、決定へと至るプロセスが正常に機能すると考えられているのである（自己統治の価値といわれる）。

表現の自由が厚く保護される根拠として、この「自己実現」と「自己統治」の２つの価値が特に注目されてきた。この２つの価値を実現していくためには表現の自由を保障しておかなければならない、というわけである。ちなみに、２つのうち自己統治の価値を前面に押し出した場合には、種々の表現のなかでも政治的表現が何より保護されなければならないといえそうである。ただし、現実の政治において議論のテーマとされる事柄は極めて多様なので、政治的表現／非政治的表現の区別は実際にはそれほど容易でない。例えば、ヘイト・スピーチと呼ばれる表現のうち、特定の民族を純粋に侮辱するものは非政治的表現といえるだろうが、政府の外交政策や外国人政策を絡めて論じ出すと政治的表現の様相も帯び始める、という具合だ。

表現の自由の保障根拠としては、このほかに「思想の自由市場論」という考え方もしばしば挙げられる。この理論は、経済市場において自由な取引が継続されていくうちに低品質のモノやサービスが競争によって自然と淘汰されていくという経済学の知見のアナロジーで、人々が国家の干渉を受けずに自由に思想（アイデア）を市場（言論空間）に流入させて議論することが認められれば、悪質なものは排除され、人は「真理」に近づくことができると考える。思想の自由市場論からすると、問題のある言論であっても国家が権力を用いてそれを市場から排除することは原則として認められず、できるだけ“言論には言論を用いて対抗すべき”と説かれることになる（対抗言論の法理）。

以上の幾つかの根拠に基づく表現の自由の優越的地位の理論や**二重の基準論**[3]を受け容れるなら、表現の自由を規制する法令の合憲性については厳格に審査しなければならないという結論が導かれる。ただし、表現への規制法令であれば常に一様の厳格なる審査に服さなければならないわけではなく、表現規制のタイミングや態様等に応じて異なってくると理解されている。

3　悪質な表現はあらかじめストップさせちゃえば問題解決？

展開例　A国人一般に対する悪質なヘイト・スピーチを満載した書籍の発売が予告された。書籍が出回ることで嫌がらせを受ける可能性がさらに高まるのではないかと考えたBは、どうにか発売を食い止められないかと考えている。

(1)　**情報受領の自由**　　表現の自由は、何より情報の発信・提供の自由が根幹である。ところが、表現は話し手と受け手がセットで初めて意味をなすわけであるし、また、私たちが行う表現の内容は通常の場合、全くのゼロから作り上げられるわけではなく、外部から得た何らかの情報を基礎にして、それを修正したり批判的見解を付加したりして構成される。とすれば、情報を受領する自由もあわせて保護されなければならないことになる。[4]

(2)　**事前抑制の原則的禁止**　　こうして情報の発信と受領、双方の自由を含む表現の自由にとって、事前抑制は非常に危険な規制といえる。事前抑制とは表現が思想の自由市場に出る前に抑止することを指し、表現が行われた後に刑罰等のペナルティが科せられる事後規制と区別される。事前抑制がひ

➡3　二重の基準論
裁判所は、経済的自由権に対する制約の合憲性審査よりも、精神的自由権に対するそれをより厳格に審査するべしとの考え方を二重の基準論という。その論拠としては、本文で示した「優越的地位」論のほか、精神的自由権への制約の場合には民主的政治過程による匡正が期待できないこと、経済的自由権の制約が経済政策として行われる場合にその合理性を判断することには裁判所の能力の上で限界があり立法府の判断を尊重せざるを得ないこと等があげられる。アメリカ連邦最高裁判例に由来するこの理論は、わが国の憲法学説でも広く受け容れられており、最高裁もまたその基本的な考え方自体は共有しているとみられている。なお、「二重」といっても大掴みの方向性を指し示すに過ぎず、学説においては、さらに細かに厳格度を異にする各種の審査基準を駆使して実際の審査がなされなければならないと議論されている点には注意を要する。（⇒6頁プロローグ**7**）

➡4　取材の自由
マスメディアが報道に先立って行う調査・インタビュー等の情報収集活動は取材と呼ばれる。取材行為は情報の発信（表現そのもの）と性質を異にしているものの、その自由は「憲法21条の精神に照らし、十分尊重に値いするもの」である（最大決昭和44年11月26日）。

とたび実行されると、情報発信・受領の途が一部閉ざされて伝えたいことは伝えられず、止められた表現は思想の自由市場に流入しないことになり（あるいは流入のタイミングが遅らされ）、しかも、その表現に対する他者から批判の機会も減ってしまうので、結果として自由市場内の情報量は少なくなる。さらには、本当に事前にストップをかけなければならない表現だったのかを事後的に検証することも難しいため、権力者がこれを利用して自分たちに都合の悪い情報を隠してしまうのではないかという危険もしばしば指摘される。このような危険性ゆえに、事前抑制は原則として禁止されなければならない[➡5]と考えられている。

(3) **裁判所の事前差止めの許容性**　この事前抑制の典型例が、名誉毀損やプライバシー侵害[➡6]（⇒24頁❸5）を理由とした裁判所による出版物の事前差止めである。最高裁も「厳格かつ明確な要件のもとにおいてのみ許容されうる」と述べ、事前差止めが許容されるのは例外的であることを確認している[➡7]。出版物の事前差し止めの詳細な許容条件をめぐる判例学説の議論は、なお収束をみない状況にあるが、差止めの請求が認められるためには、少なくとも、それを放置すると差止めを求める者の権利が害されること、事後的な救済では損害を回復するのに十分ではないことを裁判所に納得させる必要がある（民事保全法13条・23条参照）。しかし、展開例のようなヘイト・スピーチ本の場合、その刊行によってB本人のいかなる権利がどれほど害されるのか、その損害の発生は確実かについて不確かさが拭いきれないように思われ、裁判所を説得するのは難しいものと想像される。

そこで、やはり、「特定の人種、民族等を名指しして誹謗中傷した者は懲役X年に処す」というような法律を作り、表現が行われた後で表現者にペナルティを与える法規制新設の是非が検討課題となる。

4　何かを表現したことで罪に問われたりしますか？

(1) **表現内容規制と表現内容中立規制**　表現の後にペナルティを科すこ

➡5　検閲の概念
事前抑制のなかでも特に悪質な形態を検閲という。最高裁は「行政権が主体となつて、思想内容等の表現物を対象とし、その全部又は一部の発表の禁止を目的として、対象とされる一定の表現物につき網羅的一般的に、発表前にその内容を審査した上、不適当と認めるものの発表を禁止することを、その特質として備えるもの」と検閲を定義し、これに該当する規制は例外なく許容されないと述べている（最大判昭和59年12月12日）。

➡6　プライバシー侵害
プライバシー侵害表現とは、①私事性、②要秘匿性、③非公知性をみたす事実を公開するものと一般に理解されており（東京地判昭和39年9月28日）、事件を取り巻く諸事情を考慮し、当該事実を公表されない法的利益が公表する理由に優越する場合に不法行為が成立する（最判平成15年3月14日）。

➡7　名誉毀損と事前差止め
最高裁は、公務員や公職選挙の候補者に関する名誉毀損が疑われる表現物については、①「その表現内容が真実でなく、又はそれが専ら公益を図る目的のものでないことが明白で」、かつ②「被害者が重大にして著しく回復困難な損害を被る虞があるとき」にのみ差止めが許容されると判示した（最大判昭和61年6月11日）。名誉毀損については、48頁4（2）参照。

萎縮効果と文面上無効

表現規制の合憲性を判断するにあたっては、萎縮効果論と呼ばれる、他の自由権への制約では考慮されることのない着眼点が重視されることがある。これは、表現行為をしようとする者が規制によって後から処罰されるのではないかと恐れ、本当は規制対象ではない表現までをも自粛してしまう効果を指す。思想の自由市場における民主的討議の活性化を期待するならば、規制対象外の本来あるべき表現までが控えられて言論空間における表現の総量が減ってしまう事態は望ましくない。こうした萎縮効果を防ぐためには、表現規制の対象や範囲が予め明らかにされていなければならない。規制される行為と対象外の行為とが明確に切り分けられていれば、自分の表現しようとしている内容がどちら側に分類されるのかをすんなり判断できるからだ。そこで、表現の自由の領域では規制の内容が不明確な法令は、たとえ刑罰を伴わない規制であっても、その理由だけで違憲とされるべきだと考えられている。これは漠然性ゆえに無効の法理といわれる。

漠然性ゆえに無効の法理と多少重なり合う理論として、過度の広汎性ゆえに無効の法理というものも広く受け容れられている。法令の文言を素直に読むと規制範囲が広すぎ、表現の自由によって保護される行為もまた制約されてしまうかのように読める場合に、たとえ広い規制範囲のなかに憲法によって保護を受けない行為が一部含まれているとしても、その法令自体を丸ごと違憲とする理論である。

法令の具体的規制内容ではなく、その書きぶりを理由として違憲判断に至るこの2つの理論は、表現の自由に特徴的なものである。仮に今後ヘイト・スピーチを規制する場合でも、規制範囲を明確に切り分け、また、保護されるべき表現まで規制されてしまうかのように解釈できないよう、慎重に法律を作っていかなければならない。

とを事後規制といい、これはさらに表現内容規制と表現内容中立規制の２つに類別される。問題となる表現が伝達するメッセージのなかみ（内容）を咎(とが)めて規制するのが表現内容規制、メッセージのなかみとは直接関係のない理由から表現行為を規制するのが表現内容中立規制である。名誉を毀損する表現や児童ポルノに対する刑罰が前者の例、交通を妨害するやり方でのビラ配りを禁ずる規制が後者の例だ。学説は前者の合憲性は厳格に審査しなければならないと説く一方で、後者には一段緩やかな審査（厳格な合理性の基準あるいはLRAの基準[8]）が妥当すると論じてきた。

両者を区別し、それぞれに異なった審査基準を対応させようとするのは、表現内容中立規制の方が表現の自由に対する危険度が低く、制約度も低いと考えられるからである。そもそも思想の自由市場論からすれば、私人の表現内容について、その良し悪しを国家が一定の視点から評価することは原則として認められないはずである。表現内容規制は言論空間から一定の論点や特定の見解を排除することに繋がるので、これによって言論空間が歪んでしまい、市民の自由な意見表明が損なわれる危険性も大きい。これに対して表現内容中立規制であれば、代替チャネル（別の媒体、態様等）が保障されている限りは同じ内容の表現を展開することもできるため、表現の自由への制約度が低いというわけだ。

⑵　**表現内容規制の合憲性**　厳格に審査されるべき表現内容規制の合憲性は「厳格審査基準」を用いて審査されるべきだと一般的には言われている。しかし、実際には表現内容の類型に応じた特別の審査枠組みが存在している領域も多く、厳格審査基準はそうした特別の枠組みが確立していない表現類型への規制が争われる場合に用いられると考えた方がよい。

確立した領域としては**名誉毀損**[9]やわいせつを挙げることができる。現行の名誉毀損の法制度では名誉を害する表現のすべてが規制されるのではなく、規制範囲は刑法の条文と判例とによって限定されている。まず刑法230条の2は、名誉を害する表現が①公共の利害に関する事実に係り、②専ら公益を図る目的でなされ、③真実であることの証明がなされた場合には違法性を問わないこととしている。③の要件については判例によってさらに緩和され、真実性の証明がなくても、行為者が真実であると誤信するに相当の理由があるときには免責されることになっている（最大判昭和44年6月25日）。また、刑法175条によって頒布や販売が禁じられるわいせつ物も、性表現一般ではなく、①徒らに性欲を興奮又は刺戟せしめ、②普通人の正常な性的羞恥心を害し、③善良な性的道義観念に反するもの、と限定的に理解されている[10]（最大判昭和32年3月13日）。

こうした規制範囲の限定は、規制を受けず自由に発信されるべき表現は規制対象から除外しなければならず、また、正当な表現まで萎縮させてしまってはならないとの考えに基づいてなされている。表現によって傷つけられる利益と表現の自由とを天秤にかけながら、憲法上の疑念が生じないように規制範囲を予め画定しようとするこの手法は定義づけ衡量（限界画定衡量[11]）と呼ばれている。これによって憲法適合的な規制の範囲が一旦画定されると、以後の事件ではその範囲に含まれるか否かだけが審査される。

仮にヘイト・スピーチの処罰が新設されるとすれば、この表現内容規制の一種に分類されることになる。例えば対象集団を苛烈に誹謗するヘイト・ス

8　LRAの基準
「より制限的でない他の選びうる手段の基準」とも表現される。LRAとはLess Restrictive Alternativesの略で、当該規制目的を達成するために人権に対する制約度がより小さい手段が存在するときにはその規制は違憲と判断される。厳格審査基準ほどではないものの、比較的厳格度の高い基準。（⇒６頁プロローグ**7**）

9　名誉毀損
名誉毀損とは人の社会的評価を低下させることをいい、刑事では事実を公然と摘示することが必須の条件とされている（刑法230条）。他方、民事では意見・論評によっても不法行為が成立しうるとされる。

10　わいせつ性の判断
最高裁は後に、具体的な文書、図画が規制範囲に含まれるか否かの判断にあたっては、露骨で詳細な描写叙述の程度、その比重、芸術性や思想性による性的刺激の緩和の程度等を総合的に考慮して「その時代の健全な社会通念に照らして」決する、と判断の方法を具体化してみせている（最判昭和55年11月28日）。

11　定義づけ衡量の対象
一般に、名誉毀損やわいせつは人や社会に害悪を与える一方、自己実現や自己統治の価値の実現に寄与するところが小さく、憲法による保護は政治的表現に比べて弱いと考えられている。定義づけ衡量はこうした「低価値表現」に対する表現内容規制が裁判所に持ち込まれた場合に、許容される規制範囲を明確化するために用いられると理解されている。

ピーチに対する規制であれば、これも低価値表現と解されるから、定義づけ衡量によって規制範囲を適切に絞り込んでいけるならば、当該規制法は違憲とはいえないとの結論が導かれるものと考えられる。また、集団への攻撃や差別を煽るヘイト・スピーチの規制であれば、実際にひき起こされる攻撃の酷さや危険の切迫性につき、処罰に見合うレベルをどう見積もるのかがポイントとなるが、この点、「明白かつ現在の危険の基準[12]」を参考にするべきだと論じられることが多い。いずれも研究者達の議論が続けられているかなり難しい論点ではあるが、皆さんも少し考えをめぐらせてみて欲しいと思う。

➡12 明白かつ現在の危険の基準
ある表現が重大な害悪を発生させる蓋然性が明白であって、かつ、害悪発生が切迫している場合にのみ、その表現の禁止・処罰が許されるとする基準。表現の自由を強く保護する基準として知られる。

展開例 A国大使館の近隣住宅街の住民Dは、大使館前で度々行われるA国を批判する集会・デモの騒音に悩まされている。

(3) 時・場所・方法の規制　最後に表現内容中立規制にも少しふれておこう。内容中立規制の典型例は、時・場所・方法の規制である。屋外広告物法に基づいて制定された地方公共団体の条例が屋外広告物表示の場所や方法について規制をかけているのがその例である[13]。

展開例に関連する法令としては、外国大使館周辺地域において、当該地域の静穏を害するような方法で拡声器を使用してはならないと定める「国会議事堂等周辺地域及び外国公館等周辺地域の静穏の保持に関する法律（静穏保持法）」がある。同法は、違反者に対して拡声器を使用しないよう命令する権限を警察官に与え、この命令に違反した者に対する罰則を用意している。これは表現内容に基づかない場所・方法の規制であるから表現内容中立規制と分類できる。具体的な表現内容に応じて規制するか否かを変化させる運用は認められないので、A国批判のデモだけを規制するわけにはいかないけれども、警察が適切に取り締まってくれればDの悩みは解決しそうである。

➡13 屋外広告物条例の合憲性
橋脚や電柱へのビラ貼りを全面禁止した大阪市の条例について最高裁は、「都市の美観風致を維持することは、公共の福祉を保持する所以であるから、この程度の規制は、公共の福祉のため、表現の自由に対し許された必要且つ合理的な制限」だと述べ、緩やかな審査によって簡単に合憲判決を下している（最大判昭和43年12月18日）。

ヘイト・スピーチ解消法と地方公共団体の条例

2016年に成立したヘイト・スピーチ解消法は、外国出身者やその子孫であって適法に日本に居住する者への差別を助長・誘発する目的で、危害を告知したり著しく侮辱したりして彼らを地域社会から排除することを煽動する不当な差別的言動を解消するべく、国に相談体制の整備や教育啓発活動を義務づける一方、市民がそうした言動に従事することを禁止する規定は存在しない。

また解消法は、地域の実情に応じた施策を講じるよう地方公共団体に努力義務を課しているところ、同法に先んじて条例を成立させた大阪市は、市民等から申出を受けた表現行為が市の定義するヘイト・スピーチ（例：インターネット等、不特定多数が接触可能な状態に置かれた、特定の人種・民族を排除する目的で酷く侮辱するもの）に該当するか否かを審査し、該当すると判断されれば、拡散防止のためプロバイダへ削除依頼を出す等の措置をとるとともに、当該表現内容の概要や表現者の氏名を公表する制度を設けている（最判令和4年2月15日はこの条例を合憲と判断）。

川崎市条例は、市内の道路や公園等で、拡声器を用いたりビラを配布したりして、特定の国・地域の出身者に向けて地域から出て行けと叫んだり、危害を告知したり、動物や虫に喩えて著しく侮辱したりすることを禁じている。違反者が違反を繰り返す明らかな恐れがあると認めるに十分な理由がある場合に市長は禁止行為を行わないよう勧告を発することができ、勧告に従わなかった者が再び行為に及びそうなら命令も可能となる。命令に従わなかった者に対しては、氏名公表に加え、50万円以下の罰金も用意されている。

いずれの条例でも、ヘイト・スピーチ該当性は学識経験者で構成される審査会に諮問した上で判断される仕組みが採用され、また、表現の自由を不当に侵害することのない慎重な運用を求める条項が盛り込まれている。

薬がネットで注文できなかったのはなぜですか？

▶職業の自由

設例　風邪をひいてしまったかなと思ったとき、もちろんはやめに病院に行くべきであるが、しばらく市販の薬を飲んで症状を抑えようと考えることもあろう。こんな時、薬を自宅まで届けてもらえれば非常に便利である。今は何でもインターネットで注文できる時代であるが、つい先日までインターネットを通じた医薬品の販売は、厳しく規制されていた。

憲法22条第1項　何人も、公共の福祉に反しない限り、居住、移転及び職業選択の自由を有する。
第2項　何人も、外国に移住し、又は国籍を離脱する自由を侵されない。

1　自由に営業できますか？

小さい頃、「将来は何になりたいですか？」と質問されたことはないだろうか。自分自身がどんな職業に就きたいのか、何になりたいのか、それぞれの夢を答えた経験があるはずである。今は大学に入学したばかりで、就職について考えるのはまだまだ先のことだと思っている人たちも、数年後には、自分の職業について真剣に考える時期がやって来ることだろう。

冒頭の設例には、インターネットの通信販売や、医薬品の販売といった経済活動が登場する。通信販売業も医薬品販売業も、人々が従事する職業である。どのような職業を選ぶのかという選択や、ある職業をやめて別の職業に転職するという決断は、それぞれの人生にとって、非常に重要な決定である。このような大きな決断は、自分自身でよく考えて、他人に邪魔されずに行いたいと思うのは、自然なことである。まして、自分が生涯をかけて取り組んでみたいと考えている職業について、「そんなことやってはいけません」などと言われたくはないだろう。

近代憲法には、国民の自由な経済活動を保障するための条文が設けられており、日本国憲法においても、居住･移転の自由、職業選択の自由（22条1項）、財産権（29条）が保障されている。このうち、本章で取り上げる「職業選択の自由」とは、文字通りに読めば、人々が自由に職業を選ぶことを保障している。この条文があることによって、人々は権力者から干渉を受けることなく、自身の従事する職業を自由に決めることができる。

ところで、職業は選んでしまえばそれで終わりというものではないだろう。自分が選択した職業は、その人にとっての生活の糧であるだけでなく、その人が他の人々と交流する主要な場面であったり、その人が社会に貢献する機会になったりすることもある。極端な言い方をすれば、仕事が生き甲斐になるということもありえるかもしれない。

このように考えてみると、職業に従事することを通じて経済活動に参加するという営みは、人生において継続的な意義を有するということができる。そうであれば、自分自身の職業を選択するだけでなく、それを継続し職業を遂行することも保障される必要がある。そこで、22条1項が保障している自由には、そこに明文で規定された職業選択の自由に加えて、職業遂行の自由（「営業の自由」や「職業の自由」と呼ばれることもある）も含まれると考えられている。

設例に即して考えてみると、インターネットによる通信販売を職業とする人にとって、それを職業として選択することは「職業選択の自由」として保障され、選択した職業を遂行することは「営業の自由」として保障される、ということができる。

2　何でも自由では困る！

職業を自由に選択することやそれを自由に営業することが憲法によって保障されているといっても、職業であれば何をしてもよいというわけではない。例えば、インターネットの通信販売が便利であることは確かだが、取扱いの難しい劇薬を販売することまで自由に行ってよいとはいえないだろう。憲法が職業選択の自由という人権を保障しているとしても、そこには人権の限界が存在しているはずである。

⑴　**職業の社会的相互関連性**　22条1項が保障している職業選択の自由の限界を明らかにするために、「社会的相互関連性が大きい」という職業の性質について考えてみよう。職業という営みは、ある人が他の人々との関係を一切持たずに行われることが想定しにくいものである。職業と聞いて連想される行為について考えてみても、その行為が他の人々にまったく影響を与えないということは考えにくい。たとえ、1人で部屋にこもって製品をつくるという職業であっても、製品に欠陥があれば、それを購入し使用する人々の生活に影響を与えることがありえるはずである。

営業の自由論争

憲法22条1項の職業選択の自由は、自分自身の職業を選び決定する自由を保障しているだけでなく、選んだ職業を遂行する自由も保障している。本文で解説した通り、この職業遂行の自由を「営業の自由」と呼ぶことがある。このように説明される営業の自由とは、権力者が人々の自由な経済活動に介入することを防止する役割を託された自由権である。現在では、職業遂行の自由＝営業の自由も22条1項によって保障されることは広く受け入れられている。

このような憲法の世界では当たり前の考え方に対して、経済学者から挑戦状が突き付けられた。1970年代に経済史学者の岡田与好による問題提起から始まった「営業の自由論争」がその舞台であった。岡田は、人々が自由に営業することができるようになるまでの歴史的な展開に注目する。そもそも、人々が自由に営業を行えるようになるために何が必要だったのか。それは、営業が特定の人々によって独占されてしまっている状態を解体して、人々が自由に営業を行い競争することができる状態を確保することであった。つまり、歴史的にみれば、自由な営業が確立されるために必要とされたのは、国家が国民の経済活動に介入しないことではなく、国家が強制的に営業の独占を解体することであった。

このような歴史的な経緯に即して考えてみると、営業の自由とは、国家の介入を防止する「国家からの自由」として理解するのではなく、国家による独占の解体によって実現される「国家による自由」という視点から理解されるべきことになる。営業の自由に関するこのような理解を踏まえて考えると、今日の独占禁止法は、営業を独占しようとする人々の経済活動の自由を規制する法律としてではなく、営業の自由を確保するための法律と理解することも可能である（独占禁止法の正式名称は「私的独占の禁止及び公正取引の確保に関する法律」である）。

憲法学では、「法人の人権」という論点について、憲法が保障する人権は性質上可能なかぎり、法人・団体にも保障されると考えられている（⇒17頁❷3）。営業の自由論争は、人権の保障について考える際に、巨大な経済主体の活動に無頓着であってはならず、「法人の人権」を無自覚に語ることに警鐘を鳴らす役割を果たしたと評価することができよう。

このような職業のもつ性質を踏まえると、職業活動によって他の人々の権利や利益が損なわれる可能性にも注意する必要がある。このため、22条1項が保障する自由については、自分で何かを考えたり、信じたりする精神的な活動を保障する自由よりも、規制が必要とされる場合が多いと考えられている。22条1項に、わざわざ「公共の福祉に反しない限り」という文言が書き込まれているのも、このような人権の性質を強調するためである。

(2) **何のために、どのような規制があるのか**　一口に職業活動に対する規制といっても、そこには多種多様なものが含まれている。ここでは、何のための規制なのか（規制目的）という視点と、どのような規制なのか（規制手段）という視点から、整理しておくことにする。

まず、何のために職業活動を制限するのかという規制目的に着目すると、消極目的と積極目的を区別することができる。消極目的の規制とは、人々の社会生活における安全を維持することを目的とした規制であり、国民の生命や健康に対する危険を防止するための規制などがこれに該当する。これに対して、積極目的の規制とは、経済の円満な発展や社会の便宜を増進させること、また経済的に弱い立場にある人々を保護することなどを目的とした規制である。

次に、どのように規制するのかという規制手段について整理しておこう。経済活動に対する規制には、さまざまな方法がある。例えば、ある職業は国家だけが行ってよいことにするという非常に厳しい規制を設けて職業の選択を完全に否定してしまう場合もあるし、職業を始める際には役所に届出をして下さいという比較的簡単なものも存在している。ここでは、国家独占、特許制、資格制、許可制、届出制の区別について確認しておきたい。

国家独占とは、公平な役務の提供や国家の収入を確保するために、私人がある営業を行うことを禁止する規制であり、郵便事業やかつてのたばこ・塩の専売がこれに該当する。特許制とは、経営能力を有する者にのみ特許を与えて独占状態を認める規制であり、電気やガスや鉄道に関する規制がこれに該当する。資格制とは、特別な資格を有する者にだけある職業に従事することを認める規制であり、医師・薬剤師や弁護士・司法書士などの資格制がこれに該当する。許可制とは、ある職業を行うためには行政庁の許可を得る必要がある場合であり、薬局の開設や飲食店の営業には許可が必要とされている。届出制とは、ある職業を行うために行政庁への届出を求める規制であり、理容所の開設などがこれに該当する。

また、職業の選択そのものが規制されない場合でも、選択した職業の遂行に対する規制が行われる場合がある。このような場合には、職業の選択自体は自由であるが、その職業を遂行する際には決められた事項を守らなければならないという制限を受けることになる。ある職業を選択できないという規制に比べれば、それほど厳しい規制とは言えないかもしれないが、22条1項によって保障された営業の自由が制限されることは確かである。

以上のように、職業選択の自由に対する規制といっても、異なった目的のために、さまざまな手段が用いられている。このように多種多様な規制が存在する中で、ある規制が憲法に違反するのか、違反しないのかをどうやって判断すればよいのだろうか。

3 規制目的二分論とは？

(1) **2つの最高裁判決**　日本の裁判所は、職業選択の自由に対する規制について、どのように判断してきたのだろうか。これまでは、裁判所が何のために規制を設けているのかという規制目的に注目して、憲法に違反するかどうかを検討していると説明されてきた。すなわち、消極目的規制の場合には、憲法違反という結論（違憲）に至る可能性が高い、厳しい審査を行い、積極目的規制の場合には、憲法に違反しないという結論（合憲）に至る可能性が高い、緩やかな審査を行っているというのである。

このような説明が登場するきっかけとなったのが、同じような規制が憲法に違反するのではないかが問題となった2つの事件であった。1972（昭和47）年と1975（昭和50）年に最高裁が下した2つの判決では、すでに存在している既存の同業者と一定の距離をおかなければ新たに営業を始めるための営業許可を出さないという規制が、職業選択の自由を制限し憲法に違反すると主張された。これらの判決が注目を集めたのは、同じような規制が問題となったにもかかわらず、判決の結論がまったく正反対になったためである。

1972（昭和47）年の**小売市場事件**[1]（最大判昭和47年11月22日）では、1つの建物の中で10以上の小売業に店舗のためのスペースを貸し出す小売市場を新規に開設する場合、もっとも近い小売市場から一定の距離が離れていなければ開設を許可しないという規制が、職業選択の自由を制限していることから憲法に違反するのではないかが争われた。最高裁は、問題となった規制が、過当競争から小売市場を保護するという積極目的に基づくものであると認定し、このような規制は「著しく不合理であることが明白である場合に限って」、憲法に違反することになると判断した。結論として、小売市場に対する距離制限は憲法に違反しないという合憲判決を下した。

他方、1975（昭和50）年の**薬事法事件**[2]（最大判昭和50年4月30日）では、**薬事法**[3]による薬局の適正配置規制が問題となった。この事件では、既存の薬

➡1　**小売市場事件**
この事件では、小売商業調整特別措置法による小売市場の適正配置規制が問題となった。最高裁は、積極目的規制について明白の原則を適用することを明らかにした。

➡2　**薬事法事件**
この事件では、薬事法による薬局の適正配置規制が問題となった。最高裁は、消極目的規制について規制の必要性・合理性とより制限的でない規制手段の有無を検討する厳格な合理性の基準を適用することを明らかにした。

➡3　**薬事法**
医薬品等の品質・有効性・安全性の確保やそれらの使用による保健衛生上の危害の発生および拡大の防止のために必要な規制を行うことなどを目的とした法律である。法改正により、2014年から「薬機法」という略称が用いられるようになった。

福祉国家の憲法

職業選択の自由に対する制限に関連して、職業の性質として社会的相互関連性が大きいことに加えて、福祉国家の理念（⇒64頁❿2）を実現するための政策的な配慮が要請される場合が多いことが指摘される。

小売市場事件の最高裁判決は、「憲法は、全体として、福祉国家的理想のもとに、社会経済の均衡のとれた調和的発展を企図しており、その見地から、すべての国民にいわゆる生存権を保障し、その一環として、国民の勤労権を保障する等、経済的劣位に立つ者に対する適切な保護政策を要請していることは明らかである」と述べている。この判断の意味するところは、何であろうか。

日本国憲法がすべての国民に「健康で文化的な最低限度の生活を営む権利」（25条1項）を保障していることから、憲法は経済的に弱い立場に置かれた人々を救済するために公権力の行使による積極的な活動（例えば、国会が生活保護法を制定し、行政がこの法律に基づいて生活扶助を給付する活動など）を求めていると考えることができる。また、経営者とは対等の立場で契約を締結することが難しい労働者を保護するための権利（27・28条）も保障されていることから、ここでも憲法は経済的に弱い立場に置かれた人々を救済することを企図しているということができる。

最高裁は、このような「福祉国家の理想」に基づく「憲法は、国の責務として積極的な社会経済政策の実施を予定しているものということができ、個人の経済活動の自由に関する限り」、「社会経済政策の実施の一手段として、これに一定の合理的規制措置を講ずることは、もともと、憲法が予定し、かつ、許容する」ものであると判示している。このように、福祉国家の特質を備えた憲法においては、社会経済政策による職業活動の規制も認められると理解されている。

局との間に一定の距離をおかなければ、新たな薬局の開設を許可しないという規制が、職業選択の自由を制限していることから憲法に違反するのではないかが争われた。最高裁は、問題となった規制が、不良医薬品の提供を防止することで国民の生命や健康を保護するという消極目的に基づくものであると認定し、このような目的を達成するために、薬局の新規開設を認めないとする規制は不要であり、不良医薬品が供給されないように取締りを強化すればよいと判断した。結論として、薬局に対する距離制限は憲法に違反するという違憲判決が下された。

最高裁の判断を図式的に整理すると、次のようになる。消極目的規制が問題となった場合には、規制が本当に必要なのかを厳しく点検して、どちらかと言えば憲法に違反するという判断に至る可能性が高くなるような審査の方法（**厳格な合理性の基準**[4]）が採用されている。他方、積極目的規制の場合には、規制が必要であるという法律を制定した際の判断を尊重して（**立法裁量**[5]）、憲法に違反するという判断は例外的な場合とする判断の方法（**明白の原則**[6]）が採用されている。このような判断の枠組を規制目的二分論と呼んでいる。

⑵　**規制目的二分論の問題点**　　最高裁によって採用されたと考えられた規制目的二分論であるが、今日ではいくつかの疑問が指摘されている。

まず、名前からして明らかなように、規制目的二分論は、消極目的と積極目的がしっかりと区別できることを前提にしているが、実際にはこのような区別が容易ではない場合もある。例えば、かつては消極目的規制と考えられてきた規制が、時代が変わり世の中が変わると積極目的規制と考えられるようになった事例が存在する。公衆浴場の開設について距離制限を設ける規制が憲法違反であると主張された一連の**公衆浴場事件**[7]において、最高裁の判決は、消極目的規制であると認定した上で規制を合憲としたものから、積極目的規制であると認定した上で合憲とするものに推移している。

また、そもそも消極目的規制に対して厳しい審査が行われるとすると、国民の生命や健康を守るという非常に大切な目的をもつ規制が、憲法に違反すると判断される可能性が高くなってしまう。国民の生命や健康を保護するための規制が憲法違反になりやすいという結論は、どうも私たちの感覚とはずれているように思われる。

さらに、その後の裁判で問題となった規制の中には、2つの規制目的ではまったく説明することのできないものも登場している。**酒類販売免許制事件**[8]（最判平成4年12月15日）では、酒税を確実に賦課徴収するという目的のために酒類販売業について免許制を定めた酒税法の規制が、職業選択の自由を制限していることから憲法に違反するのではないかが争われた。最高裁は、問題の規制が税金を適切に課して確実に徴収するという財政上の目的に基づくものであると認定した。その上で、このような租税に関する問題については、法律を制定する立法者の判断を尊重して、その判断が著しく不合理なものでない限り、憲法に違反することはないという判断を示した。

このような裁判例が登場したことで、規制目的二分論では裁判所の立場をうまく説明することができなくなっている。そして、**司法書士法違反事件**[9]（最判平成12年2月8日）の最高裁判決は、規制目的に言及することなく、職業選択の自由に関する判断を導き出しており、規制目的は裁判所の判断において重要な要素ではなくなっている可能性がある。

➾4　厳格な合理性の基準
学説が導入した違憲審査基準の1つであり、規制目的が重要なものであり、規制手段と規制目的との間に実質的な合理的関連性があることを裁判所が審査する。

➾5　立法裁量
どのような目的でどのような法律を制定するかについて、法律を制定する立法者の判断に任せることを意味し、裁判所は立法者の判断を尊重することが求められる。

➾6　明白の原則
立法府の裁量を広く認めた上で、規制が著しく不合理であることが明白である場合に限って違憲判断を行う。

➾7　公衆浴場事件
公衆浴場の適正配置規制が争われた一連の事件では、いずれも合憲の判断が下されている。これらの判決の中には、消極目的規制であると認定したもの（最大判昭和30年1月26日）、積極目的規制であると認定したもの（最判平成元年1月20日）、両方の目的を併有していると認定したもの（最判平成元年3月7日）がある。

➾8　酒類販売免許制事件
この事件では酒税法による酒類販売業の免許制が問題となった。最高裁は、租税立法に関する立法裁量に基づいて立法府の判断を尊重する審査を行った。

➾9　司法書士法違反事件
この事件では、司法書士等以外の者が登記手続の代理業務を行うことを禁止した司法書士法が問題となった。最高裁は、規制目的を分析することなく合憲判決を下した。

(3) **規制の態様を考慮した違憲審査**　このような状況を踏まえて、最近では、職業選択の自由をどれくらい強く規制しているのかという規制の態様に着目して事件を解決すべきであるという考え方が有力になっている。たしかに、職業の選択そのものが制限されてしまうと、その職業は一切行えないことになってしまうので、このような強力な制限がなされている場合には、選択した職業の遂行が規制されている場合よりも、厳しい審査を行った方がよいと考える方が、説得力ある説明かもしれない。

4　薬をネットで売ってはいけないのか？

設例に掲げたインターネットを通じた医薬品の販売についても、実際に訴訟が提起され最高裁まで争われている。この事件では、薬事法の改正に伴って新たに厚生労働省によって定められた薬事法施行規則が、それまで規制されていなかった一般医薬品の郵便等での販売を禁止したことが問題となった。この規則では、一般医薬品のうち、第１類医薬品（副作用等により日常生活に支障を来す程度の健康被害が生ずるおそれがある医薬品のうちその使用に関し特に注意が必要であるもの）と第２類医薬品（副作用等により日常生活に支障を来す程度の健康被害が生ずるおそれがある医薬品で第１類医薬品を除くもの）について、販売や情報提供を対面で行うことが求められており、郵便等での販売が一律に禁止されることになってしまった。

最高裁は、問題の規制が「郵便販売等をその事業の柱としてきた者の職業活動の自由を相当程度制約するものであることは明らかである」と判断し、問題となった薬事法施行規則の規定を無効と判断した（最判平成25年１月11日）。そして、この判決後、薬事法が改正され、2014（平成26）年６月12日より施行されたことをうけて、医薬品販売についても新たなルールが適用されることになった（資料「医薬品の分類と販売方法」を参照）。このように、憲法が保障する自由は、時に私たちの生活を変える力をもっているのである。

資料❶　医薬品の分類と販売方法

【改正前】

医療用医薬品		医師が処方箋を出し薬剤師が調剤する薬	対面販売
一般用医薬品	第１類医薬品	副作用などにより、日常生活に支障を来す程度の健康状態を生じるおそれがあり、特に注意が必要なもの	対面販売
	第２類医薬品	副作用などにより、日常生活に支障をきたす程度の健康被害が生じるおそれのあるもの	対面販売
	第３類医薬品	第1類、第2類以外のもの	ネット販売可能

【改正後】

医療用医薬品		医師が処方箋を出し薬剤師が調剤する薬	対面販売
一般用医薬品	要指導医薬品	医療用医薬品から移行して使用実績が少なくリスクが確定していない「スイッチ直後品目」と「劇薬」	対面販売
	第１類医薬品	副作用などにより、日常生活に支障を来す程度の健康状態を生じるおそれがあり、特に注意が必要なもの	ネット販売可能
	第２類医薬品	副作用などにより、日常生活に支障をきたす程度の健康被害が生じるおそれのあるもの	ネット販売可能
	第３類医薬品	第1類、第2類以外のもの	ネット販売可能

（厚生労働省医薬食品局総務課「一般用医薬品のインタネット販売について」（平成26年２月）により作成）

遺伝子研究で人の運命をかえることができますか?

▶学問の自由・大学の自治

設例 大学でヒトゲノムを研究しているAは、人の特定の遺伝子が知能の発達に関係していることを発見した。この遺伝子を人為的に操作すれば、きわめてIQの高い人間を作り出すこともできそうである。そこで、Aは知的障害をもつBに対して遺伝子操作を行うという実証実験を行った。

憲法23条　学問の自由は、これを保障する。

1　遺伝子操作で天才に？

皆さんはダニエル・キイスの小説『アルジャーノンに花束を』を読んだことがあるだろうか。32歳になっても幼児並みの知能しかないチャーリイ・ゴードンが画期的な脳外科手術の実験台となり、高い知能を得る物語だ。設例も、遺伝子操作に変えているが、このストーリーを下敷きにしている。

脳外科手術や遺伝子操作で天才になれるのならこんな素晴らしいことはない、と思う人もいるかもしれない。もう高校や大学のテスト勉強に苦しむこともないし､その知能を使ってどんな仕事も簡単にこなせそうである。また、こうした技術で病気や障害を克服することができれば、研究は多くの人の役に立つだろう。

しかし､治療や研究には失敗のリスクもある｡チャーリイや設例のBのケースでは、実験の失敗によって彼らの生命や健康が損なわれるおそれもある。このとき研究者は多少の危険を冒してでも実験を推し進めてよいだろうか。失敗を｢学問研究の発展のための尊い犠牲｣などと割り切ってよいだろうか。学問研究の結果が人の生命・身体にかかわる利益や安全・環境といった公共の利益を害するときにまで、この言い訳が通用するだろうか。ここでは、学問研究にまつわる責任と研究活動の限界が問われなければならない。

後述するように、学問研究も、それと対立する可能性のある人の生命・身体や公共の利益も、ともに憲法が保障する権利・法益である。したがって、学問研究の統制の問題は、典型的な憲法問題・人権問題なのである。

2　いま、先端科学技術研究はどうなっているのだろう？

設例などのケースは、いまやまるきり絵空事というわけではない。ワトソン／クリックによるDNAの二重らせん構造モデルの提唱以来、科学研究は生命の内部構造に重大な関心を示してきた。この流れのなかで、とりわけ人の遺伝子や生命活動にかかわる先端的な研究が飛躍的に進展している。

人のゲノムの全塩基配列を解析する**ヒトゲノム計画**[➡1]は、2003年に完成版が公開され、現在では、これらの解析情報をもとに遺伝子機能の解明が引き

➡1　**ヒトゲノム計画**
ヒトの約30億ある全DNA配列を読み取り、その働きを明らかにする国際的プロジェクト。1985年にアメリカでスタートしたのを皮切りに、ヨーロッパ、日本でも計画が始まった。2003年に公開された完成版では、ヒトの全遺伝子の99%の配列が99.99%の正確さで含まれるとされる。

続き行われている（これをポストゲノム研究という）。個々の遺伝子の働きなどを解明する試みは、医療・創薬や遺伝子工学の発展に寄与すると期待される。また、ES細胞やiPS細胞といった多能性幹細胞を使った研究も注目される。これらの細胞を使えば、人や動物の臓器や生殖細胞の作製も可能とされ、再生医療など様々な分野に転用が可能である。こうした研究のなかで、人の知能をつかさどる遺伝子や脳細胞の活性化を促す技術が発見されれば、チャーリイのように人為的に天才を作ることができるかもしれない。

このように遺伝子技術や生命操作技術は、私たちの生活を豊かにする可能性をもつ点で研究の進展が期待されるものである。しかし、他方でこれらの研究には様々な問題も指摘される。遺伝子技術は人や動植物の遺伝子操作（ゲノム編集）を可能にするが、人の遺伝子の改変や遺伝子組み換え生物の流出・拡散などによるバイオハザードの危険がつきまとう。多能性幹細胞研究においても、ES細胞には受精卵破壊などの問題が指摘され、またヒトクローンやキメラの産出の可能性が危険視される。これらの問題は私たちの生活を豊かにするどころか、かえって危険に晒すこともありうるだろう。現代の科学技術の発展を前提とすれば、学問研究にはメリットがあるだけでなく、デメリットも同時に潜んでいるという現実を直視しなければならない。

3　学問研究は憲法上の権利だ！

(1)　学問の自由の保障　　科学技術などの進展を支える学問研究活動は、日本国憲法では基本的人権によって保護される活動のひとつである。23条は「学問の自由は、これを保障する」と定める。このように学問という特定の活動を憲法で保障するという手法は他国ではあまり見られないが、日本国

東北メディカル・メガバンク計画

2011年の東日本大震災の発生後、復興事業の一環として、東北メディカル・メガバンク計画がスタートした。この計画においては、大規模な人数の全ゲノム解読を行った結果を総合し、DNA配列の多型の頻度などの情報をまとめた全ゲノムリファレンスパネルの作成とともに、宮城・岩手両県の住民15万人分のバイオバンクの構築が目指されている。東北大学には、医療情報とゲノム情報とを組み合わせたバイオバンクの構築、地域医療情報連携基盤の構築、高度専門人材の育成を目的に、およそ10年に及ぶ事業を計画する東北メディカル・メガバンク機構（ToMMo）が設置された。ToMMoは、2013年11月に調査に参加した宮城県在住の健常な日本人1000人分の全ゲノムを解読したが、調査方法が均質かつ高品質な1000人分の全ゲノム配列の解読は世界初とされている。

こうした調査・解読は、被災地の地域医療再建と健康支援につながるとともに、医科学研究の基盤として活用されるものと期待されるが、その一方で倫理的・法的な問題も指摘されている。そもそも、ゲノム情報はその人や血縁者の遺伝情報を含む高度にセンシティブな個人情報である。本人さえも知りえないような遺伝的特性に関する情報を公的な機関が保有することにはプライバシーの観点から問題があるだろう。また、完成が目指されるバイオバンクが「生体試料を収集・保管し、研究利用のために提供を行う」ものであることからすると、常に追加的な分析がなされる余地があり、それによって本人・家族の遺伝的特性が次々と明らかにされる可能性もある。たとえ生体資料の採取の際に本人の同意を取り付けたにせよ、それを事後的な調査に対する包括的な承認としてよいかは問題である。

日本にはこうしたバイオバンクに関する法的規制がなく、文部科学省によるヒトゲノム・遺伝子解析研究に関する倫理指針が存在するにとどまる。ゲノム解析やバイオバンクがプライバシーといった憲法上の権利・法益と衝突するおそれがある以上は、立法による適切な利益調整が必要である。

ToMMoの活動内容の概観

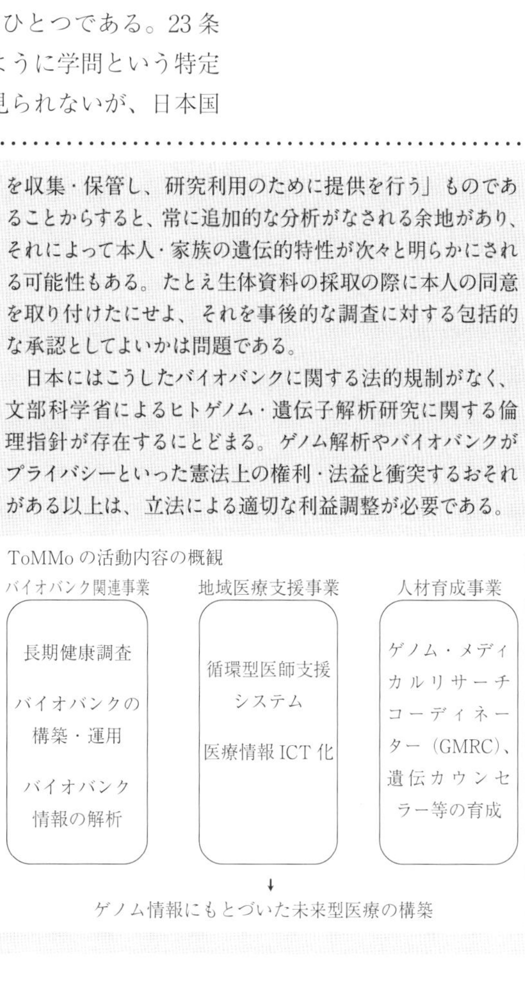

バイオバンク関連事業	地域医療支援事業	人材育成事業
長期健康調査 バイオバンクの構築・運用 バイオバンク情報の解析	循環型医師支援システム 医療情報ICT化	ゲノム・メディカルリサーチコーディネーター（GMRC）、遺伝カウンセラー等の育成

↓

ゲノム情報にもとづいた未来型医療の構築

憲法が学問の自由を特に保障したのには、独自の歴史的事情もあった。かつての明治憲法には学問の自由の保障がなく、大学の人事や研究成果の発表などが政府によって強く制約されていた。そのなかでは、**京大・滝川事件**[2]や**天皇機関説事件**[3]のように、政府にとって都合の悪い学問や言論に対する弾圧も行われた。その結果、学問の政治批判機能が失われ、軍国主義の暴走をも許したことへの反省が、学問の自由の保障には示されているのである。

このように学問の自由は、とりわけ国家との関係において、学問研究に対する政治の不介入を要求するものとして発展してきた。前述した学問弾圧のように政治が学問に不当に介入すると、真理や正しさの探究という学問研究の本来の目的が損なわれてしまう。それゆえ、学問の自由は典型的に「**国家からの自由**[4]」を意味するものだったのである。

⑵　**学問の自由の保護領域**　学問とは、系統的な思考と真摯な探究によって、真の認識を獲得しようとする知的な営みである。こうした営みが人類の進歩を支えてきたことは歴史的な経験から明らかである。しかし、その一方で、ガリレオ・ガリレイの地動説のように、学問は既存の価値体系や知見を批判し、覆すことがあるため、権力者や既存の権威によって危険視され、干渉・抑圧されることも多い。こうした権力による干渉・抑圧を防止し、学問研究を自由な領域とすることが、学問の自由の本質的な役割である。

学問の自由の内容は、①**研究の自由**、②**研究結果発表の自由**、③**教授の自由**によって構成されると考えられている。研究の自由は、研究テーマや研究方法の選択･決定、研究の遂行といった一連の研究活動を保護の対象とする。研究結果発表の自由は、研究によって得られた成果を外部に公表することを保護している。教授の自由は、研究成果を大学等の機関において伝達することを保護するものであり、**高等教育機関での教育の自由**[5]を意味する。

また、学問の自由は、自由の行使の基盤として、「大学の自治」をも保障する。大学の自治とは、大学の教授人事や施設・学生の管理、さらには研究教育の内容決定などを大学の自主的決定に委ね、公権力の介入を排除しようとするものである。これらに公権力が介入すると、学問研究の中心的な場である大学に政治が入り込み、結果的に学問の自由が骨抜きにされる恐れがあるためである。最高裁も**ポポロ事件**[6]（最大判昭和38年5月22日）において、「大学における学問の自由を保障するために、伝統的に大学の自治が認められている」とした。

⑶　**学問の自由の制約**　かつての憲法学においては、学問の自由の「国家からの自由」としての性格や真理･正しさの追究という目的の重要性から、学問の自由の制約を極めて例外的な場合に限定しようとしてきた。とりわけ、前述の①で保護される研究そのものは人のアタマの中で行われる内面的な活動であることから思想の自由と同様に**絶対的保障**を受け、それを規制することは許されないとされてきた。これに対して、②③については、他者とのかかわりが避けられないことから制約の余地はあるが、それも他者に対する加害を防ぐための**必要最小限度の規制**にとどまるべきとされた。

しかし、学問研究は多種多様であり、実際の研究には、哲学研究のような純粋に思索的なものだけでなく、科学・医学などに見られるように、研究者が共同して行う実験や第三者・動物などを用いた臨床試験などの外部的な活動を含むものも多い。研究が単にアタマの中にとどまるものとは限らず、そ

➡2　**京大・滝川事件**
自由主義的な刑法学説を唱えた京都帝国大学法学部教授の滝川幸辰の著書が内務大臣によって発売禁止処分を受け、また文部大臣が滝川の辞職を京都帝国大学総長に要求した。法学部教授会は辞職に反対したが、滝川は休職に追い込まれた。

➡3　**天皇機関説事件**
天皇を主権者ではなく国家の最高機関と捉える学説（天皇機関説）が、軍部や民間右翼によって「不敬」だと攻撃されたため、政府が天皇機関説を公式に否定したほか、主唱者の美濃部達吉の著書を発売禁止とした事件。

➡4　**「国家からの自由」**
一般に、人権のなかでも自由権と呼ばれる権利は「国家からの自由」を保障するとされる。これは、自由権によって保護される事柄は、国家による干渉・介入がなければないほど実現しやすいと考えられたからである。そのため、この自由権の領域においては、国家には干渉・介入をしないという不作為義務が課せられる（⇒3頁プロローグ**人権の分類**、10頁―12頁❶3）。

➡5　**教師の教育の自由**
教授の自由が、小・中・高校などの教師にも保障されるかについては意見が分かれる。最高裁はポポロ事件で教授の自由は大学のみに保障されるとしたが、その後旭川学テ事件において教師にも一定の範囲における教授の自由が保障されるとの立場を示した。

➡6　**ポポロ事件**
東京大学の学生団体が大学内で冤罪事件に関する劇を上演した際に、学生が観客のなかにいた私服警官に対して暴力行為を働いたとして起訴された事件。学生の集会にも大学の自治による保護が及ぶかが問題とされたが、最高裁は集会が政治的活動であることを理由にこれを否定した。

れに付随する外部的活動が他者や社会に影響を与えることも少なくないことからすれば、絶対的保障を受けるのは純粋な思索に限られ、外部的活動をともなう研究については、その態様に応じた制約を受けると考えるべきだろう。したがって、①と②③とを「内面的／外部的」というように二分して「制約できない／できる」とするのではなく、①についても、個々の学問研究の態様を見極めつつ、それにふさわしい規制のあり方を論じるべきだ。

4　学問ならば何をしてもいいの？

(1)　**クローン技術規制法**　①の研究の自由に対する法的規制が行われた例としては、2000年に成立した「ヒトに関するクローン技術等の規制に関する法律」(以下、**「クローン技術規制法」**とする）がある。その1条では、規制の目的として「人の尊厳の保持、人の生命及び身体の安全の確保並びに社会秩序の維持」を挙げ、これを受けて3条で「何人も、人クローン胚、ヒト動物交雑胚、ヒト性融合胚又はヒト性集合胚を人又は動物の胎内に移植してはならない」と定めて、クローンの産出を禁止している。つまり、クローンの産出は、**人の尊厳**[7]の保持などに反するおそれがあるから、これを学問研究の範囲において行うことも禁止する、というのが法律の内容である。

クローン技術[8]は、場合によっては難病の治療などに大きな効果を発揮する。例えば、白血病の治療には適合する骨髄の移植が必要となるが、患者本人の体細胞クローンによって適合する骨髄をもつ人間を産出できれば、治療は飛躍的に向上するだろう。しかし、その一方で、患者の治療のために生み出されたクローンについては深刻な問題も発生する。もしその人が患者の治療のため「だけ」に生み出されたのだとすれば、その人の尊厳はどうなのだろうか。また、不確実な技術によってその人の生命・身体に悪影響が生じた場合、そこに問題はないのだろうか。

学問研究がある側面において人を幸福にするとしても、それによって他者の尊厳や生命が踏みにじられるのでは本末転倒である。特に前述の例では、

➡7　人の尊厳
日本国憲法では24条に「個人の尊厳」という表現が見られるにとどまるが、ドイツなどでは人権の保障を支える重要な概念とされる。あらゆる人権行使は人の尊厳に反してはならないとされ、先端科学技術研究を制約するための根拠とされることが多い（⇒❶)。

➡8　クローン技術
クローン技術とは人為的に「遺伝的に同一である個体や細胞（の集合)」を産出する技術である。成体の体細胞を使う方法でクローンを産出すると、理論上新しく産生される個体がもつ遺伝子の構成は元の体細胞の遺伝子とほとんど同一になる。1996年にこの方法での初のクローン羊「ドリー」が誕生した。

大学の自治と教授会

大学の自治の主体は大学そのものであるが、そのなかでも自治の主役を担ってきたのは、教員によって構成される教授会であった。教授会は「重要な事項を審議する」機関とされ（旧学校教育法59条1項)、そこには教員人事も含まれるとするのが通例であった。つまり、専門家集団である教授会が、研究・教育に必要な人材の採用・昇任などについて責任をもつことが、大学の研究・教育の質の維持のためにも必要とされてきたのである。

しかし、こうした教授会自治の体制には、結局は専門家集団が仲間意識によって馴れ合い、大学を腐敗させているのではないかという批判もある。たしかに、大学の組織やその活動というのは閉鎖的であるため、一般社会からは実態が見えにくい。『白い巨塔』などの影響で、教授会が研究そっちのけで権力闘争に明け暮れていると思っている人も多いかもしれない。

こうしたこともあって、日本では大学の活性化のための構造改革が進行している。2014年の学校教育法の改正もその一環である。本改正では、学長の権限強化が行われ、それに対応して教授会の権限が弱められた。改正後の教授会の役割は、学長が決定を行うに当たり「意見を述べるもの」(93条2項）にとどまる。しかも、教員人事は93条の事項に含まれない。これによって大学の自治の主役が教授会から学長へと移行したともいえる。

こうした動きには大学人からの反発が強い。教員の人事を含めた重要事項が学長のトップダウンで決定され、専門家集団である教授会の自治が機能しなくなるからである。ある大学の経営者などが自分の意に沿う研究・教育を行う者だけを大学に在籍させようとすれば、その大学での自由な研究・教育は難しくなる。これが学問の自由の保障と相いれるのかは甚だ疑問でもある。

一口に大学の自治といっても、大学の組織のなかでどの機関が自治の主役を担うのかは重要な問題である。大学の自治が「大学における学問の自由を保障する」ためのものであることからすれば、学問の自由の保障にふさわしい大学の自治のあり方が模索されるべきである。

クローンが患者の治療のための「道具」として生み出されており、「人としての尊厳」を著しく踏みにじられている。このような場合には、学問の自由といえども研究の自由も含めて法的規制に服する必要があるだろう。

⑵ **規制の難しさ**　学問研究が人の尊厳や生命・身体などを明らかに危険に晒す場合には、研究を法律によって規制することも憲法上正当化される。人の尊厳や生命・身体は、学問研究と同じく憲法上保護された法益だからである。それらを損なう学問研究を制約しても、それは憲法が認める**公共の福祉**による制約の範囲内であろう。

しかし、学問研究の規制の場合、こうした規制根拠を明らかにすることが難しいケースもある。研究の結果が他者に危害を加えることが明らかな場合であればともかく、研究の結果がどのような影響を社会に与えるかが不明確な場合もあるからである。特に先端的な研究の結果は研究者本人にとっても予測不可能なことがあり、こうした場合にいかなる憲法上の法益が危険に晒されるかは定かではない。しかし、だからといって、学問研究に伴う抽象的な危険（リスク）を放置すれば、人の尊厳や生命・身体への思わぬ損害が発生しないとも限らない。

このため、遺伝子工学や原子力技術などの科学技術の分野においては、**リスク配慮**[9]のための予防的な規制も正当化されるとの考えが有力である。つまり、想定される損害が重大なものである限りにおいては、研究によって生じる憲法上の法益へのリスクを根拠として、学問の自由を制約することも許されるということである。このとき、研究にいかなるリスクがあるのかを評価し、規制についての基本的な態度を決定するのは、憲法上の権利の保護を義務づけられた国家、とりわけ立法府の役割である。

➾9 リスク配慮
人権行使などによって他者や社会に生じる危険は、一般に（ア）発生が確実な具体的危険、（イ）発生が不確実で抽象的なリスク、（ウ）発生がほとんど考慮されない残存リスク、に分類される。通常の人権制約根拠は（ア）であるが、環境保護や先端科学研究の統制の分野では（イ）ないし（ウ）にも配慮しなければならないとの見解が有力に展開されている。

このようにある者の憲法上の権利や利益が他の者の権利行使によって危険にさらされ、損なわれるおそれがある場合に、国家には両者の権利・利益を適切に調整することが義務づけられるという考え方を、**国家の（基本権）保護義務論**という。例えば先端科学技術研究の分野では、研究者による学問研究の実施が人々の尊厳や生命・健康を損なうおそれがあるときには、国家には学問研究を制約し、研究による被害を事前に防ぐ義務が生じる。危険な学問研究を規制することは、一面では「学問の自由の制約」であるが、他面では人々の「尊厳・生命・身体などの保護」を意味することになるのである。

⑶ **さまざまな規制方式**　前述したクローン技術規制法は、学問研究に対する国家の法的規制の一例であるが、その他の規制方式としては、学会のガイドライン等による規制や大学などの研究機関内部での規制などがある。

学問の自由の「国家からの自由」という性格からすれば、とりわけその中核にある研究の自由の規制はガイドラインや内部規則による研究者の自主規制に委ねるのが望ましいとされる。しかし、研究者の自主規制の場合、基準に違反した研究が行われたとしてもそれを阻止する手段がないといった欠点も指摘される。また、学問研究のリスクを根拠とした規制については、研究者の自主的な判断が不十分になることもあり得るため、これについては国家が責任をもって行うことが求められるだろう。

したがって、少なくとも学問研究による他の憲法法益へのリスクを回避するための基本的事項については法律によって規制し、それらと研究の態様に応じた適切な自主規制とを組み合わせることが、学問研究の統制と研究者の利益との調整という観点からも妥当と思われる。

5 学問と責任

人類の進歩の可能性を妨げないためにも、学問の自由に対する規制は慎重でなければならない。従来の憲法学は、このことに重点を置いて学問の自由を論じてきた。しかし、現在の科学技術研究の状況を見る限り、学問研究をひたすら研究者の自由にまかせていてよいわけではない。研究活動によって損なわれるおそれのある憲法上の法益に十分に配慮したコントロールは不可欠なものとなってきている。学問研究が人の運命をかえ、幸せをもたらす可能性があるとしても、そこに潜むリスクに目を向ければ、研究者の暴走を食い止める必要がある。危うい研究活動からチャーリイやＢを、そしてひいては私たちを救う役割を誰かが果たさなければならないだろう。

原子力や生命操作技術に限らず、外部的な活動をともなう研究には「社会的責任」が課せられるという考え方は、いまや広く社会に浸透しつつある。この責任を果たすためには、研究者らの自主的な努力だけでなく、国家が学問の自由と他の権利・法益との調整のための義務（保護義務）を履行する必要がある。この意味で、科学技術の進展とそれにともなう危険・リスクの防止という問題は、憲法のレベルで考えなければならない問題である。

『アルジャーノンに花束を』でのチャーリイの運命は、皆さんが本を手に取って確かめてもらいたい。この物語でチャーリイがたどる運命は、学問研究の重要性や危うさとともに、「人の幸せとは何か」を考えさせる。こうしたことを真剣に考えることも、憲法論・人権論を考える糸口になるはずだ。

コラム3 ゲノム編集と胎児・胚の人権

2013年に第3世代のゲノム編集ツールともいわれる「CRISPR-Cas9（クリスパー・キャス9）」が報告されて以来，遺伝子操作技術は大幅な飛躍を遂げた。クリスパー・キャス9は，ゲノム配列の任意の場所を削除，置換，挿入することが容易にできる技術であり，ゲノム編集をきわめて身近な技術へと発展させた一方で，この技術を濫用した遺伝子操作の危険性をも増大させているともいえる。

実際，2018年に中国で本章の設例を彷彿とさせる事例が報告された。ある研究者がゲノム編集の技術を使ってエイズウイルス（HIV）に耐性がある遺伝子をもつ双子を誕生させたというのである。この研究者は，クリスパー・キャス9技術を用いて，CCR5遺伝子の変異体「CCR5デルタ32」を受精卵の段階に双子の女児の染色体に挿入したとされる。双子の父親はHIVに感染していたが，この遺伝子変異により，生まれた双子はHIVに感染しないという。

この技術は，HIV感染リスクのため子どもをもつことをためらっていたHIV患者にとっては朗報であろうし，当の子どももHIV感染を避けられるのであればこれに越したことはないかもしれない。しかし，その後の研究で，CCR5に変異がある人は平均よりも短命である確率が高いことや，インフルエンザなどの一般的な疾患で死亡する例が多いことなどが指摘されるようになった。

この研究者には2019年12月に，中国の裁判所で実刑判決が下された。ただし，その理由は，ゲノム編集が禁止されているということではなく，医師資格がないのにゲノム編集を行い，被験者夫婦や受精卵を子宮に返す手術を担当した医師などを騙していたことを主な理由とするものであるようだ。ゲノム編集の可否を，学界や研究者の自主的な規制のみに委ねておいてよいのかは疑問の余地もあるだろう。

新たな技術の登場は，新たな危険の登場と背中合わせである。その危険は，場合によっては人の基本的な利益である生命や健康に対する危険・リスクとして現れることもありうる。これらの利益は憲法上は人権によって保護されるべきものであろう。日本では，ゲノム編集によって危険に晒される胎児や胚の人権に関する議論の蓄積が少なく，ゲノム編集に対する法的規制も行われていないのが現状である。胎児や胚が憲法上の人権による保障を受けるのか，受けるとしてどこまでの保障が及ぶのかは，こうした技術やその規制との関係で議論していかなければならない問題である。

人間らしく生きるってどういうことですか？

▶生存権

設例 大学２年生のＡ君のところに、日本年金機構から「国民年金加入のお知らせ」が郵送されてきた。Ａ君は、「年金の受取額は徐々に下がっているし、そもそも自分たちが高齢者になった時にはもらえないかもしれない。将来、本当に困ったら生活保護の制度もあるし、知らんふりしてようかな……」と考えている。けれども、生活保護も減額されているようだし、そもそも生活保護が受給できるのかも分からない。

憲法25条第１項　すべて国民は、健康で文化的な最低限度の生活を営む権利を有する。
第２項　国は、すべての生活部面について、社会福祉、社会保障及び公衆衛生の向上及び増進に努めなければならない。

1　国民年金や生活保護とはどのような制度だろう？

⑴　**社会保障制度の概要**　国民年金や生活保護は、私たちの生活を様々な困難から守るために国が用意する社会保障制度の一環である。社会保障制度には、①困窮した生活状況に陥った時に公費で経済援助を行う公的扶助、②子どもや様々なハンディキャップを持つ人たちを支援するための社会福祉、③病気、介護、失業など将来の事故（リスク）に備えて保険料を拠出し、事故が起きた時に給付を受け取る社会保険の制度などがある。

⑵　**国民年金制度**　Ａ君に通知がきた国民年金は、社会保険方式を用いた公的年金制度の基礎の部分にあたる。公的年金制度は将来の収入の減少や喪失に備えるための制度で、20歳以上のすべての人が共通して加入する国民年金と、これに加えて会社員、公務員等が加入する厚生年金で構成されている。国民年金は、原則として20歳から60歳まで保険料を納め、65歳から受給する。このため、公的年金は老後の生活のための「老齢年金」のイメージが強いが、重度の障害を負った場合には、「障害年金」受け取ることができ、加入者が亡くなった場合には遺族が「遺族年金」を受け取ることもできる。また、公的年金は、強制加入であるが、経済的な事情で保険料を納めることが困難な場合は、一定の手続きをとることで保険料の納付免除や猶予がなされる。このように、公的年金制度はだれにでも起こりうるリスクに社会全体で備え、支え合う制度である。

ところで、公的年金の財源については、現役世代が納めた保険料が高齢者などへの年金給付に充てられる仕組み（**賦課方式**[1]）がとられている。そのため、現役世代の負担（保険料）と受給者が受け取る額（給付水準）のバランスをいかにとるかが課題である。現在は、保険料水準を固定するとともに、財源の範囲内で給付水準を自動調整する仕組みが採用されている。Ａ君がいうよ

1　賦課方式
その時々の保険料収入を年金支給のための財源とする方式のこと。これに対し、将来自分が年金を受給するときに必要となる財源を積み立てておく方式を積立方式と呼ぶ。

うに、年金の支給額が徐々に下がっていく傾向にあるのはこのためである。今後も少子高齢化の進行に伴い財源の確保が困難になることが予測されており、持続可能な制度の構築とともに、制度を支える社会をどのようにつくっていくかが問われている。

(3) **生活保護**　生活保護は、生活に困窮する人に対して必要な援助を行う公的扶助の中心的制度である。1946年に戦前の複数の救貧・扶助立法を吸収する形で旧生活保護法が制定され、1950年の全面改正を経て現在の生活保護法が成立した。この制度は、生活に困窮する人に必要な保護を行い、最低限度の生活を保障するとともに、それらの人の自立を助長することを目的としている（生活保護法1条）。

保護の対象になると、食費、光熱費等の日常生活に必要な費用の他、住居費、医療・介護費、教育費等が世帯単位で支給される。支給額は、年齢や世帯構成、居住地域などに応じて決定される。

生活保護を受けるためには、預貯金等の財産が一切ないこと、働くことが可能であれば働いていること、親族等から援助を受けることができないことという要件が満たされなければならない（生活保護法4条〔補足性の原理〕）。このように、生活保護は簡単には受給できないのである。時として生活保護の不正受給者の問題がメディアで大きく取り上げられるなど、生活保護受給者を批判する意見も見られるが、不正受給は全体のごくわずかであり、生活保護は、生活困窮者にとっての最後のセーフティーネットであることを理解する必要がある。

生活保護の受給者の割合（保護率）は、制度発足から1990年代半ばくらいまで減少傾向にあったが、その後増加傾向に転じている。他方、各世帯への支給額は、2006年に**老齢加算**[2]が廃止されたことに続き、2013年から2015年にかけて日常生活費に当たる生活扶助費が段階的に引き下げられている。

➾2 **老齢加算**
70歳以上の生活保護受給者に支給されていた生活保護費への上乗せ分のこと。高齢者に必要なそしゃくしやすい食品、暖房等の光熱費、孤独を防ぐための交際費などに対応するものとして、1960年から支給されていた。母子加算も老齢加算と同じく2006年にいったん廃止されたが、2009年に復活した。

資料❶　朝日訴訟と堀木訴訟では、それぞれ何が問題になったのだろう？

【朝日訴訟の場合】

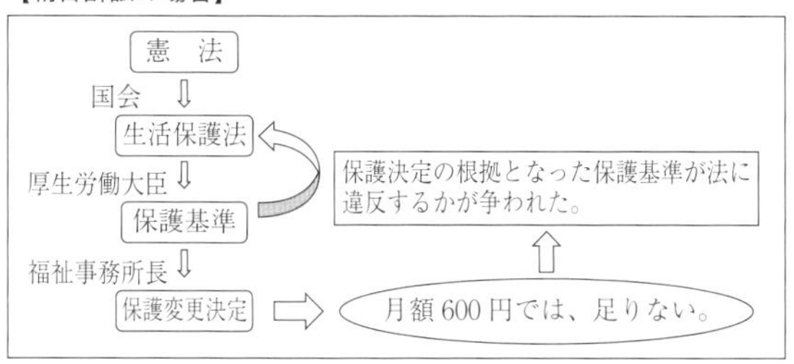

【堀木訴訟の場合】

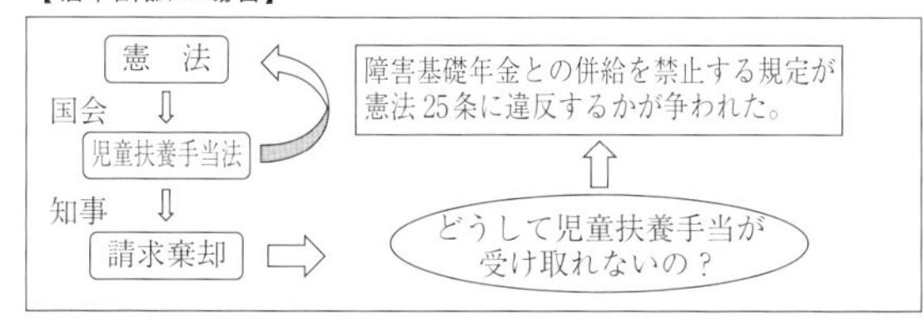

資料❷　生活保護の減額をめぐる裁判

生活保護費の基準額下げ
受給者の請求棄却
名古屋地裁

2013～15年の生活保護の基準額引き下げは生存権を侵害し違憲だとして、愛知県在住の20～80代の受給者18人が名古屋市など居住自治体3市と国に引き下げ処分の取り消しと慰謝料を求めた訴訟の判決で、名古屋地裁は25日、物価下落などを基準額引き下げに反映させた厚生労働相の判断について「過誤や欠落があるとは言えない」として請求を棄却した。

原告弁護団によると、29都道府県で約千人が起こした同種訴訟で初の判決。原告側は控訴する方針を示した。

裁判では手続きにおける厚労相の裁量権の範囲や、引き下げ方法の妥当性が争われた。

角谷昌毅裁判長は判決理由で、基準改定による引き下げに当たっては厚労相に専門技術的、政策的な見地からの裁量権があるとして、「08年以降続いた物価下落を基準に反映させた厚労相の判断が不合理とは言えない」と指摘した。

基準の算出方法や、低所得者の消費実態を考慮した点も、裁量権の逸脱や乱用は認められないとしたほか、原告には外食や日帰り旅行など娯楽や文化的活動をしている者もいるとして、憲法25条が保障する「最低限度の生活」は下回っていないとした。

（日本経済新聞2020年6月26日名古屋朝刊21頁、共同通信配信）

2　生存権はどのような権利だろう？

1で紹介した社会保障制度を支えているのは、日本国憲法25条である。同条1項は、「すべて国民は、健康で文化的な最低限度の生活を営む権利を有する」と定め、国民が人間らしく生きる権利（生存権）を保障している。生存権は社会的・経済的弱者を保護し、**実質的平等**[3]を実現するために保障される社会権の中心となる権利である。日本国憲法には、他に教育を受ける権利（26条）、勤労の権利（27条）、労働基本権（28条）という社会権規定がある。

社会権を国家の積極的関与を要求する権利として初めて保障したのは、1919年の**ワイマール憲法**[4]である。弱者保護の考え方は、市民革命期の憲法にもみられるが、近代立憲主義は、国家からの自由と法的平等を基本理念としており、国家の介入をできるだけ排除しようとした。しかし、19世紀以降の工業化と著しい経済発展は、失業、貧困、労働条件の悪化等の問題を生み出し、これらの問題の解決のために、国家の積極的関与が求められるようになった。こうして登場した**社会国家（福祉国家）**[5]の理念に基づいて、社会権は憲法上の権利として保障されるに至ったのである。

日本国憲法25条2項は、「国は、すべての生活部面について、社会福祉、社会保障及び公衆衛生の向上及び増進に努めなければならない」と定め、国は国民の生存権の実現に努力すべき責務を負うこととしている。社会保障制度は、この責務に基づき具体化されたものである。

➡3　実質的平等と形式的平等
⇒❹および❹➡3。

➡4　ワイマール憲法
1919年に制定されたワイマール共和国（ドイツ革命を経て成立した共和国）の憲法。近代立憲主義憲法の中で、初めて社会権規定を定めたことで有名である。ナチスの台頭により、形骸化した。

➡5　社会国家（福祉国家）
国民の生存権を保障し、自由主義を前提にしながらも、雇用政策や社会保障制度を通じて国家が市場に積極的に関与することで、国民の生活水準の向上を目的とする国家のこと（⇒53頁❽コラム2）。

3　立法者が法律をつくらなかったらどうなるの？

憲法25条は、社会保障制度を支える憲法上の規定であり、国の施策の指針としての役割を果たしている。しかし、生存権は、国の介入の排除を目的とする自由権（「ほっといてくれ」といえる権利）とは異なり、国に一定の行為を要求する権利（「～してくれ」と請求する権利）である。そのため、憲法制定当初は、憲法25条は国民の生存を確保すべき政治的・道義的責任を国に課したにとどまり、個々の国民に対して具体的権利を保障したものではないと解されていた（プログラム規定説）。

現在は、憲法25条が生存権を国民の「権利」と明記し、生存権の実現を国の責務と定めていることから、生存権は法的権利と解されている。ただし、通説では、法律がない場合に憲法25条を直接の根拠として具体的給付を求めることはできず、法律が制定された場合にはじめて具体的な権利となると考えられている（抽象的権利説）。

これに対し、法律が制定されなくても憲法25条に基づいて裁判所に訴えることができるとする主張もある（具体的権利説）。この主張は、立法者が生存権を具体化する法律を制定しない場合には、憲法25条に基づいて立法不作為の違憲確認ができるという主張と、憲法25条に基づいて直接具体的な給付を求めることができるという主張（ことばどおりの意味における具体的権利説）に分けられる。

4　生存権が守られていないと感じるときは？

次に、法律があっても生存権が十分に保障されていないと考える場合は、どのような主張ができるか、考えてみよう。

(1)　**社会保障の給付が不十分だと考えるとき**　まず、公的年金や生活保護など社会保障の支給額が足りない場合はどうだろう。

ここでは、人間らしく生きる権利を求めた裁判として有名な朝日訴訟（最大判昭和42年5月24日）を見てみよう。この事件では、肺結核で療養中の原告に対し、入院中の日用品費（生活扶助費）を月600円として、生活保護を減額した福祉事務所長の決定の違法性が問題になった。原告は、県知事および厚生大臣（当時）に**不服申立**[6]を行ったが、いずれも却下されたため、裁判所に裁決の取消を求める訴えを提起した。

生活保護法8条1項は、生活保護の支給額は厚生労働大臣が定める基準（保護基準）によって計算される最低生活費から収入を引いた差額と定めており、同条2項は、厚生労働大臣は最低限度の生活を満たすのに十分、かつこれを超えないような基準を定めることとしている。福祉事務所長の決定は、厚生大臣（当時）が定めた保護基準に基づいており、裁判ではこの基準が生活保護法8条2項にいう最低限度の生活水準を維持するのに十分か否かが問われた。

第1審判決（東京地判昭和35年10月19日）は、最低限度の生活は、特定の国における特定の時点において一応客観的に決定でき、保護基準が最低限度の生活の需要を満たせない場合は、生活保護法に違反し無効として、原告の訴えを認容した。これに対し、控訴審（東京高判昭和38年11月4日）は、健康で文化的な最低限度の生活水準の具体的判断は厚生大臣の判断にゆだねられるとし、本件保護基準は違法とまではいえないとして原告の訴えを退けた。

最高裁は、原告が上告中に死亡したために、訴訟終了の判決を下した。その上で、①憲法25条は国の責務を宣言したにとどまり、直接個々の国民に

6　不服申立
行政庁の処分に不服がある場合に、行政庁に対し違法・不当を理由に処分の取消や是正を求める制度。生活保護の申請が認められなかった場合や保護費が少ないなどの生活保護に関する福祉事務所の処分に不服がある場合は、各都道府県知事に対し審査請求を、都道府県知事の裁決に不服がある場合は厚生労働大臣に対して再審査請求をすることができる。

コラム　子どもたちを貧困から守るために！

貧困率の年次推移

	1985(昭和60)年	1988(63)	1991(平成3)年	1994(6)	1997(9)	2000(12)	2003(15)	2006(18)	2009(21)	2012(24)	2015(27)	2018(30)	2018(30) 新基準
相対的貧困率	12.0	13.2	13.5	13.8	14.6	15.3	14.9	15.7	16.0	16.1	15.7	15.4	15.8
子どもの貧困率	10.9	12.9	12.8	12.2	13.4	14.4	13.7	14.2	15.7	16.3	13.9	13.5	14.0
子どもがいる現役世帯	10.3	11.9	11.9	11.3	12.2	13.0	12.5	12.2	14.4	15.1	12.9	12.6	13.2
大人が一人	54.5	51.4	50.1	53.5	63.1	58.2	58.7	54.3	50.8	54.6	50.8	48.1	48.2
大人が二人以上	9.6	11.1	10.7	10.2	10.8	11.5	10.5	10.2	12.7	12.4	10.7	10.7	11.3
（単位：万円）													
中央値（a）	216	227	270	289	297	274	260	254	250	244	244	253	245
貧困線（a/2）	108	114	135	144	149	137	130	127	125	122	122	127	122

厚生労働省：2019年　国民生活基礎調査の概況　Ⅱ各種世帯の所得等の状況
mhlw.go.jp/toukei/saikin/hw/k-tyosa/k-tyosa19/index.html
注：1）1994（平成6）年の数値は、兵庫県を除いたものである。
2）2015（平成27）年の数値は、熊本県を除いたものである。
3）2018（平成30）年の「新基準」は、2015年に改訂されたOECDの所得定義の新たな基準で、従来の可処分所得から更に「自動車税・軽自動車税・自動車重量税」、「企業年金・個人年金の掛金」及び「仕送り額」を差し引いたものである。
4）貧困率は、OECDの作成基準に基づいて算出している。
5）大人とは18歳以上の者、子どもとは17歳以下の者をいい、現役世帯とは世帯主が18歳以上65歳未満の世帯をいう。
6）等価可処分所得金額不詳の世帯員は除く。

近年、貧困は遠い世界ではなくわが国でも身近な問題であることが分かってきた。2000年代半ばに行われたOECDの調査によると、日本の相対的貧困率は、加盟国中4位である。特に問題なのは「子どもの貧困率」の高さである。厚生労働省の調査によると、2018年の子どもの貧困率は13.5%で、およそ7人に1人の子どもが貧困状態にある。子どもの貧困は、大人になってからの所得や就労等に影響を及ぼし、貧困の連鎖を生むことが指摘されている。

この問題を解決するために、2014年1月に「子どもの貧困対策の推進に関する法律」が施行され、同年8月には法に基づいて「子どもの貧困対策に関する大綱」が示された。大綱には、子どもへの教育支援の他、保護者の生活支援、就労支援等が挙げられている。

これと並んで、2015年4月から、すべての生活困窮者を対象とする生活困窮者自立支援制度が始まった。この制度は、生活保護の手前で困窮者を支援する制度として位置づけられている。支援の内容には、自立相談、住居確保支援、就労準備支援、一時生活支援等と合わせて、子どもの学習支援がある。

今後、これらの制度にどのように実効性をもたせるかが問われている。

具体的権利を付与したものではなく、具体的権利は生活保護法によってはじめて与えられる、②何が健康的で文化的な最低限度の生活であるかの認定判断は、厚生大臣（当時）の合目的的な裁量にゆだねられており、直ちに違法の問題を生ずることはない、③現実の生活条件を無視して著しく低い基準を設定する等憲法および生活保護法の趣旨・目的に反し、裁量権の限界を超えまたは裁量権を濫用した場合は司法審査の対象となると述べて、本件保護基準に違法はないと付け加えた。

最高裁判決は、厚生大臣の広い裁量を認める前提として、憲法の定める健康で文化的な最低限度の生活は抽象的・相対的概念であり、その具体的内容は文化の発達、国民経済の進展に伴って変化し、多数の**不確定要素**[7]を考慮してはじめて決定できると述べている。この点が最低限度の生活水準は一応客観的に決定できるとした1審判決と大きく異なる。

最高裁判決の憲法25条の解釈と保護基準の適法性判断に関する考え方は、傍論部分であったにもかかわらず、その後の生存権をめぐる訴訟に大きな影響を与えている。例えば、生活保護における**老齢加算廃止をめぐる訴訟**[8]で、最高裁は、加算廃止は厚生労働大臣の裁量の範囲内であり、違法ではないと判示している（最判平成24年2月28日）。現在、2013年から行われた生活保護基準の引き下げの適法性を争う訴訟が各地で提起されており、裁判所の判断が注目される[9]（⇒63頁資料❷）。

ところで、生活保護については、厚生労働大臣が決定する保護基準が生活保護法に違反するかどうかが争われ、憲法25条適合性については間接的に判断される。これに対し、年金のように支給基準が法律で定められている場合は、憲法25条適合性が直接審査される（⇒63頁資料❶）。

⑵ 社会保障給付を受けることができないとき　次は、社会保障給付を受けることができない場合について考えてみよう。社会保障給付を受けることができる人の範囲は法律で決められているので、この場合、法律が憲法25条に違反するか否かが争点になる。

ここでは、障害福祉年金と児童扶養手当との併給を禁止する児童扶養手当法の違憲性が争われた堀木訴訟（最大判昭和57年7月7日）を紹介する。原告は、目が不自由であったために、当時の国民年金法に基づいて障害福祉年金を受給しながら、離婚後1人で子供を育てており、1961年に児童扶養手当法が制定されたので、児童扶養手当の受給資格の認定を求めて知事に申請した。しかし、当時の児童扶養手当制度には当該手当と公的年金の併給禁止の規定があったことから、請求は却下され、異議申立ても棄却されたため、併給禁止は憲法13条、14条、25条に違反するとして提訴した。

第1審判決（神戸地判昭和47年9月20日）は、障害福祉年金を受給している者を児童扶養手当の対象から外すのは合理的理由がない差別で憲法14条に違反するとして、処分の取消を認めたが、控訴審判決（大阪高判昭和50年11月10日）は、障害福祉年金と児童扶養手当はいずれも**防貧施策**[10]であり、その内容は立法政策の問題であるとして、1審判決を取り消した。

最高裁は、憲法25条は国の責務を宣言したものであり、個々の国民に対する義務を規定したものではないと述べ、その具体化は広い立法裁量にゆだねられるとした。そして、児童扶養手当と障害福祉年金は、いずれも所得保障を目的とするものであり、障害と母子家庭という事情が重なったとしても

⇒7　保護基準を決定する際の考慮要素
最高裁判所は、考慮しうる不確定要素として、国の財政状態、国民の一般的生活水準、生活の地域間格差、低所得者の生活程度、国民感情、予算配分等を挙げている。

⇒8　老齢加算廃止訴訟
70歳以上の生活保護受給者に支給されていた老齢加算が2004年から2006年にかけて段階的に廃止されたことは違憲違法として、保護変更決定の取消を求めて全国の裁判所に訴えが提起された。最高裁は厚生労働大臣の判断過程手続に過誤・欠落はなく、被保護世帯に看過し難い影響を及ぼしたものとはいえないとして、原告らの上告を棄却した。

⇒9　生活保護減額訴訟
全国で提起された裁判で初の判断を示した名古屋地裁は、引き下げは厚生労働大臣の裁量の範囲内として請求を棄却している（名古屋地判令和2年6月25日）。

⇒10　防貧施策
国民の社会生活水準の向上・増進のための施策のこと。高裁判決は、25条2項は防貧施策をなす努力義務を、同条1項はそれでも「なお落ちこぼれたものに対し救貧施策をなすべき義務があることを宣言したもの」と述べて1項と2項の国の責務を区別し、前者については立法政策の問題としている。

それに比例して所得が低下するわけではなく、これらの制度間でどのような調整を行うかは国会の裁量の範囲内であり、憲法25条に違反しないと判断した。憲法13条、14条違反の主張についても、障害福祉年金の受給者とそれ以外の者を区別することは、合理的理由のない不当なものとはいえず、個人の尊厳を害するものでもないとして、認めなかった。

この判決は、憲法25条は国の責務を宣言したものであり、国民の権利を保障したものではないと述べた朝日訴訟最高裁判決の立場を受け継いでおり、生存権の抽象性と立法府の「広い裁量」を認めている。

5 憲法25条はいらない？

以上紹介した代表的判例によると、生存権に基づく主張が裁判で認められるためのハードルはかなり高く、憲法25条は法規範としての効力をほとんどもたないように見える。しかし、生活保護をめぐる訴訟で原告の訴えが認められた事例もある。例えば、最高裁は、学資保険の払戻金を収入と認定して生活保護の支給額を減額した福祉事務所長の処分を「生活保護法の趣旨目的」に照らして違法と判断している（最判平成16年3月16日）。この判決のいう「生活保護法の趣旨目的」とは、憲法25条の理念に基づき、生活に困窮するすべての国民に最低限度の生活を保障し、自立を助長すること（1条）であり、憲法25条は間接的に判決に影響を与えている。また、朝日訴訟や堀木訴訟を初めとして、裁判をきっかけに立法による救済がなされた例も少なくない[→11]。このような立法を支えているのは、憲法25条2項の国の責務であり、同項は国に一定の行為を促す役割を果たしている。

戦後、経済成長に伴って、社会保障制度は常にその充実がはかられてきたが、少子高齢化による影響でその充実が難しくなってきており、制度の改革が必要とされている。このような状況の中で、立法府や行政の裁量権に対し、憲法25条が国民の健康で文化的な生活を守るための歯止めとなりうるかが、今後の課題である。

→11 学生無年金障害者訴訟
国民年金法は、1989（平成元）年まで学生は任意加入としており、その結果、20歳をこえた学生が任意加入の手続をしないうちに予期せぬ事故や病気で障害を負ってしまった場合、障害基礎年金を受給できないという事態が生じた。原告らは、このような障害基礎年金の不支給は憲法25条および14条に違反するとして、処分の取り消しおよび国家賠償の支払いを求めて、訴えを提起した。最高裁は、立法府の広い立法裁量を認めて原告らの訴えを棄却したが、無年金障害者については立法による救済が図られた（最判平成19年9月28日）。

コラム 環境権は憲法上の権利じゃないの？

憲法改正に関する議論の中で、環境権を憲法の規定に加えようといういわゆる加憲の主張がある。環境権とは、良好な自然環境を享受する権利のことで、1960年代の高度成長にともない公害が発生し、自然環境が著しく悪化する中で提唱された。

環境権には、私たちが享受している自然環境を破壊されないという自由権としての側面と、良好な環境を保全するように国に積極的な措置を要求する請求権としての側面があり、学説では、憲法13条および憲法25条を根拠とする憲法上の権利であると解されている。

しかし、裁判所は、環境権の内容が不明確であることを理由に、これまで環境権という名の権利を認めたことはない。例えば、航空機の騒音等に悩まされた住民が損害賠償と夜間の離発着の禁止を求めて提起した大阪空港公害訴訟（⇒24頁❸5(3)）で、大阪高裁は原告の請求を全面的に認めたものの、環境権ではなく人格権の侵害を理由としている（大阪高判昭和50年11月27日）。

このように、裁判所は環境権を正面からは認めていないが、少なくとも下級審においては、人格権に基づいて原発の運転差止め請求を認めるなど、良好な環境を求める主張を認めている。また、高層マンションの建設を巡って争われた裁判で、最高裁は、「都市の景観は、良好な風景として、人々の歴史的又は文化的環境を形作り、豊かな生活環境を構成する場合には、客観的価値を有するもの」とし、良好な景観に近接する地域内に居住する者が有する「良好な景観の恵沢を享受する利益（景観利益）」は、法律上保護に値するものと述べている（最判平成18年3月30日）。

さらに、1960年代の環境権の主張を受けて公害対策基本法をはじめとする多くの環境法令が成立し、現在は、1993年に制定された環境基本法の下で環境保全に向けた法令の整備が行われている。

このように、現行の憲法の下でも、環境権の保障に向けた取り組みは様々な形で表れており、憲法に環境権の規定を加えることで特に変わるところはないように思われる。

私たちが教わったことは、誰かにとって都合のいい事実だったの？

▶教育を受ける権利

設例　Aさんは、学校で使った放射線副読本の内容が最近になって見直されたのを知り、学校での教育に不安を感じるようになった。というのも、見直された背景には、その内容が原子力発電所の事故や放射線のリスクを実際よりも小さく印象付けるために編集されているという指摘があったからである。

憲法26条第1項　すべて国民は、法律の定めるところにより、その能力に応じて、ひとしく教育を受ける権利を有する。
第2項　すべて国民は、法律の定めるところにより、その保護する子女に普通教育を受けさせる義務を負ふ。義務教育は、これを無償とする。

1　学校を信用していいの？

実は学校では、誰かにとって都合の良い事実だけが教えられているとしたら、あなたは学校を信じることができるだろうか。2011年3月に起きた東京電力・福島第一原子力発電所の過酷事故（以下、「福島原発事故」という）以降、文部科学省が作成したエネルギーや放射線に関する副読本が、**学校教育**[1]への信頼を揺るがしている。

⑴　**副読本の変容**　原子力と放射線については、学習指導要領（**3**⑵参照）上、中学・高校の「理科」で教わることになっている。もっとも、「理科」で扱う事柄がそれらだけではない以上、文部科学大臣の検定を経た教科用図書等（以下、「教科書」という）での扱いは限られている。このため、補助教材の活用が重要となる。そして、エネルギーや放射線に関する補助教材として文部科学省が作成した副読本（資料❶参照）は、教育現場に混乱を招きながら変容していく。

福島原発事故前に公表されていたエネルギー副読本は、福島原発事故後の2011年5月、当時の文部科学大臣の手で取り下げられる。エネルギー副読本は、資源の調達や二酸化炭素排出量削減の観点から、地震・津波等に対する安全性を強調しつつ原子力発電の推進を促す内容となっており、事実上、福島原発事故を受けて取り下げられたといえる。その5か月後、放射線副読本が発行される。福島原発事故を受けて作成・公表されたはずのこの放射線副読本は、その福島原発事故について「はじめに」で触れるのみであった。また、被ばくのリスクに関する記述が不十分かつ曖昧という指摘もあった。例えば、短い期間に100ミリシーベルト（mSv）以下の低い放射線量を受けること（以下、「低線量被ばく」という）でがんなどの病気になるかどうかについては明確な証拠はないとしつつ、低線量被ばくもできるだけ避けるべきとしていた。これらの点などから、この放射線副読本は、原子力発電所の事故

➾1　学校教育
教育基本法（以下、「教基法」という）6条に規定されている。細かくは学校教育法で定められている。さらに、学校を設置しようとする者には、設備や編成その他について、文部科学大臣の定める設置基準（省令）に従う義務が課されている（学校教育法（以下、「学教法」という）3条）。

や放射線のリスクを実際よりも小さく印象付け、原子力発電を推進する立場に有利なように子どもたちを誘導するものと批判されていた。そして2014年2月、新しい放射線副読本が公表される。新しい放射線副読本は、福島原発事故を本文の約半分で扱い、見直し前の放射線副読本に対する批判を踏まえているといえる。また、被ばくのリスクに関する記述については、若干の表現が変更されたほか、子どもの被ばくについて新たに触れるようになった。それによれば、低線量被ばくの影響の度合いについて大人と子どもでどれだけ違うかははっきりとわかっていない。一方、とくに子どもには甲状腺がんなどの発がんリスクがあることは**疫学**[2]的に明らかという医学者の指摘もある（日本経済新聞電子版〔2014年6月23日〕）。

(2) 目の前にある危機　はっきりとわかっていないリスクは記述するが、はっきりとわかっているリスクは記述しない。仮にそうした意図の下で新しい放射線副読本が編集されていたならば、そんな副読本を使って**放射線教育**[3]を行っても、子どもたちは放射線に対する正しい態度を養うことはできない。教師だけでなく、子どもを育てる親も納得しないだろう。教育現場が混乱しても不思議ではない。

第❾章で学んだように、原子力などの科学技術の発展は、私たちの社会を豊かにする可能性もあるが、私たちの生命や身体、財産を損なう可能性もある。それゆえに学問の自由は基本的人権とされながらも法的規制に服する。

エネルギー政策は、より直接的かつ密接に、私たちの社会の豊かさに関わっている。そして、私たちの生命や身体、財産を損なう危険にも同様に深く関わっている。このため、立法府（国会）は正しくリスクを評価したうえで法的規制を行う必要がある。もし、私たちが正しくリスクを評価できるように教育されていないならば、私たちの代表で構成される立法府が正しくリスクを評価できるはずはない。これは、民主主義の危機であるだけでなく、私たちの生命や身体、財産の危機でもある。

➡2 疫学
1人ではなく集団の健康等を調べて、疫病が多発する原因等を考える学問。公害訴訟では、臨床医学や病理学から因果関係が十分に解明されなくても疫学の活用から法的因果関係が証明されることがある（名古屋高金沢支判昭和47年8月9日）。

➡3 放射線教育
「原子力や放射線とその利用における課題」「の理解に必要な放射線に関する基礎知識や放射線からの身の守り方等」を扱う教育をいう。文部科学省『中学生・高校生のための放射線副読本』(2014) 1頁。

資料❶　文部科学省副読本表紙の比較

・『中学生のためのエネルギー副読本　チャレンジ！　原子力ワールド』(2010年2月発行)

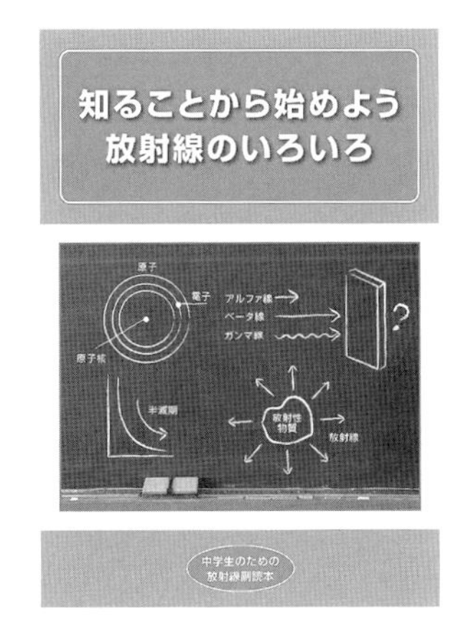

・『中学生のための放射線副読本　知ることから始めよう放射線のいろいろ』(2011年10月発行)

・『中学生・高校生のための放射線副読本　～放射線について考えよう～』(2014年2月公表)

上の表紙を見比べてほしい。2010年のエネルギー副読本の表紙は、エネルギーと原子力の単純なつながりを示唆している。2011年の放射線副読本の表紙は、黒板に放射性物質等の特徴を図示し、放射線の問題が教室で勉強するだけの縁遠い事柄であるように感じさせる。2014年の放射線副読本の表紙は、複数の人物が話し合っている様子から、放射線の問題が私たちの向き合うべき身近な課題であることが示唆されている。

2　教育って大事なの？

学校教育は、思春期前後の長きにわたって行われ、多かれ少なかれ、私たち1人ひとりの様々な決断に影響を及ぼす。以上に述べた副読本の変容は、そんな学校教育への信頼が当たり前のものではないことを示している。それゆえ、その信頼を確保すべく法的な仕組みが用意されている。また、自分の望む学校へ行く（入学する）権利も大切なはずである。以下にみていこう。

(1)　**教育に関する法の規定**　まず、憲法の仕組みをみてみよう。憲法は、教育に関して直接には、26条1項で「その能力に応じて、ひとしく教育を受ける権利」、同条2項で「その保護する子女に**普通教育**[4]を受けさせる義務」を規定し、それぞれ具体的には法律に委ねている。また憲法は、国家と教育との関係について、国家による宗教教育の禁止（20条3項）や公の支配に属さない教育に対する公金支出の禁止（89条）を規定している。さらに23条の規定する「学問の自由」は、大学で教授される学問研究の成果や教科書執筆への研究者の参加などが教育内容に影響を与えることから、教育と密接に関連しているといえる（⇒❾）。

次に、法律の仕組みをみてみよう。教育基本法は、憲法を受けて「教育の目的」（「人格の完成」など。教基法1条）や「学問の自由」の尊重および「教育の目標」（「幅広い知識と教養を身に付け」ることなど。教基法2条）等について規定している。こうした教育基本法の規定する教育の目的や目標は、学校教育（教基法6条）のみならず、**家庭教育**[5]（教基法10条）や**社会教育**[6]（教基法12条）などにも通底するとされている。もっとも、「教育の目標を法律で規定することによって、その教育の目標を人の内心にまで立ち入って強制しようとするものでは」ないと説明されている（平成18年6月5日衆・教育特委での文部科学大臣の発言）。なお、現行の教育基本法は、「憲法の附属法」といわれていた旧教育基本法の制定から約60年を経て2006年に全面的に改正されたものである。新法が旧法のように長期にわたる支持を得られるかは、その運用にかかっている。

(2)　**入学を妨げられない権利**　入試では合格ラインを超えたのに、障害をもっていることが理由で入学を拒否されたら、あなたはどう感じるだろうか。

市立尼崎高校事件（神戸地判平成4年3月13日）では、調査書の学習評定と学力検査の成績では合格点に達していたのに、校長がその生徒の障害を理由に普通高校への入学を不許可としたことが問題となった。高校側は、障害の程度が重いため、普通高校ではなく養護学校（当時。現行の学校教育法でいう**特別支援学校**[7]の1つ）の方が「教育を受ける権利」をよりよく実現できると主張した。これに対し、生徒側は入学が不許可とされたことで「教育を受ける権利」が侵害されたと主張した。

神戸地裁は、その生徒の過去の通学状況等から問題なくその高校に通えるのが分かるのに、本人の希望にかかわらず入学を拒否することは、校長の「裁量権の逸脱又は濫用」にあたり違法と判示し、「教育を受ける権利」の侵害となるとも述べた。

このように、憲法は、その能力が十分にある限り、自分の望む学校への入学を妨げられない権利をも保障していると解することができる。

➡4　普通教育
子の保護者には、義務教育として、9年の普通教育を受けさせる義務が課されている（学教法16条）。また、その9年は6歳から12歳までの6年と12歳から15歳までの3年とされている（学教法17条）。

➡5　家庭教育
父母その他の保護者は、子の教育について第一義的責任を有し、生活のために必要な習慣を身に付けさせ、自立心を育成し、心身の調和のとれた発達を図るよう努めるものとされている（教基法10条1項）。

➡6　社会教育
個人の要望や社会の要請にこたえ、社会において行われる教育は、国及び地方公共団体によって奨励されなければならないとされている（教基法12条1項）。

➡7　特別支援学校
障害者に対し幼・小・中・高校に準ずる教育とともに障害による様々な困難の克服と自立のために必要な教育が行われる学校をいう（学教法72条）。普通の学校との教育内容の違いについては、それぞれの学習指導要領を見比べてみてほしい。

3　私たちが学校で教わることは、誰がどう決めているの？

これまでに出会った教師たちを思い出してみよう。教師が違えば、同じような教科、科目でも全然違う印象をもつことがある。教育内容は、ある程度、教師の創意工夫によるのだから当然である。もっとも、大枠としての決まりが法的に定められてもいる。この点、誰が子どもの教育内容を決定する権限をもつのかという問題や、教育内容を法的に定めることが可能か（可能であればどこまでか）という問題が論じられてきた。それでは、これらの問題に裁判所がどう答えてきたか、以下にみていこう。

(1)　教育内容決定権の所在　　全国の中学で文部省（当時）が実施する一せい学力調査を実力で阻止しようとした人たちが公務執行妨害罪等に問われた旭川学テ（学力テスト）事件（最大判昭和51年5月21日）では、第1審・控訴審ともに、本件学力調査は「不当な支配」（資料❷参照）にあたり違法と判示した。ところが最高裁は、実施の際の条件等を考慮したうえで、「不当な支配」にあたらないとした。こうした結論に至るまでに最高裁が採用した前提は、次のようであった。①教育内容に関し、**国家の教育権説**[➡8]と**国民の教育権説**[➡9]との両方が、「いずれも極端かつ一方的」として排除される。②子どもの学習権だけでなく、普通教育における教師の一定の範囲の教授の自由、親の教育の自由、国の「子ども自身の利益の擁護」「あるいは子どもの成長に対する社会公共の利益と関心にこたえるため」に「必要かつ相当と認められる範囲」の教育内容を決定する権能が認められる。③ただし、「子どもが自由かつ独立の人格として成長することを妨げるような国家的介入、例えば、誤つた知識や一方的な観念を子どもに植えつけるような内容の教育を施すことを強制するようなことは、憲法26条、13条の規定上」、許されない。

このように、教育内容決定権は、国家だけがもつ権限でもなければ教師あるいは親だけがもつ権限でもなく、子どもの学習権を充足しうる者すべてが果たすべき責務と判例では捉え直されている。

➡8　国家の教育権説
国民全体の教育意思は国会の法律制定を通じて具体化されるので、法律は公教育における教育の内容および方法について包括的に定めることができ、教育行政機関も、法律の授権に基づく限り、広く決定権限を有するとする考え方とされる（最大判昭和51年5月21日）。

➡9　国民の教育権説
子どもを教育する責務を負うのは親を中心とする国民全体であって、教育の内容および方法については、その実施にあたる教師が決定・遂行すべきであり、国は原則として介入権能をもたないとする考え方とされる（最大判昭和51年5月21日）。

資料❷　教育行政と「不当な支配」

教育委員会の組織のイメージ

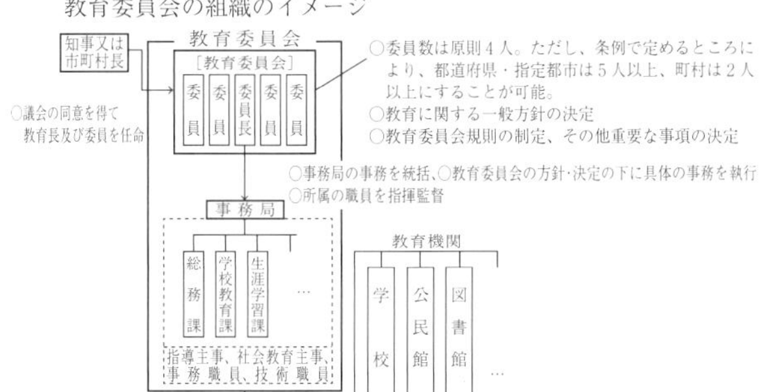

出典　文部科学省ホームページ http://www.mext.go.jp/a_menu/chihou/05071301.htm

教育委員会の事務
○教育委員会は、地域の公共事務のうち、教育、文化、スポーツ等に関する事務を処理。

学校教育の振興	・学校の設置管理 ・教職員の人事及び研修 ・児童・生徒の就学及び学校の組織編制 ・校舎等の施設・設備の整備 ・教科書その他の教材の取扱いに関する事務の処理
生涯学習・社会教育の振興	・生涯学習・社会教育事業の実施 ・公民館、図書館、博物館等の設置管理 ・社会教育関係団体等に対する指導、助言、援助
芸術文化の振興、文化財の保護	・文化財の保存、活用 ・文化施設の設置運営 ・文化事業の実施
スポーツの振興	・指導者の育成、確保 ・体育館、陸上競技場等スポーツ施設の設置運営 ・スポーツ事業の実施 ・スポーツ情報の提供

出典　文部科学省ホームページ http://www.mext.go.jp/a_menu/chihou/05071301.htm

行政権を内閣が担う以上、教育行政についても、時の政権・与党の考えが影響する。しかし、教育に関しては、中立性・不偏不党性（政党や官僚、財界、組合等といった党派的勢力に偏らないこと）が求められ、このことは「不当な支配」の排除や教育行政の「公正かつ適正」性の担保を規定した教育基本法16条（旧教育基本法10条1項）に明文化されているという（教育基本法研究会編著『逐条解説 改正教育基本法』（第一法規、2007）187頁）。

(2)　**学習指導要領**　学習指導要領とは、小・中・高校等を対象とし、「全国のどの地域でも一定の水準の教育を受けられるようにするため」に文部科学省が定める「教育課程（カリキュラム）を編成する際の基準」をいうとされている（文部科学省ホームページ http://www.mext.go.jp/a_menu/shotou/new-cs/idea/index.htm）。こうした学習指導要領は、教育内容の大枠を定めている。

所定の教科書をほとんど用いず、教科書の内容からかけ離れた授業を行うなどした教師が学習指導要領違反や**教科書使用義務**[10]違反等を理由に懲戒免職処分を受けたことが問題となった伝習館高校事件（最判平成2年1月18日）では、学習指導要領の法規的効力（法的拘束力）の有無が争点となった。最高裁は、学習指導要領に「法規としての性質」を認め、所定の教科書の内容からかけ離れた授業は教師に認められた裁量の範囲を逸脱して学校教育法や学習指導要領に違反し、本件においてはその程度が重いので、本件懲戒免職処分を適法と判示した。

このように判例は、学習指導要領に法規的効力を認めている。もっとも、判例は同時に教育の具体的内容および方法について教師に裁量を認めていることに注意してほしい。

10　教科書使用義務
小・中・高校等では、「文部科学大臣の検定を経た教科用図書又は文部科学省が著作の名義を有する教科用図書を使用しなければならない」とされている（学教法34条・49条・62条・70条・82条）。

展開例　文部科学省の作成した副読本に問題がありうるとすると、学校で使う教科書について実施される文部科学大臣の検定についても問題がありうるのではないか。裁判所がこうした問題について判断を示したことがなかったか、Aさんが教科書に関する判例を検索していると、『家永教科書裁判』ということばが見つかった。

4　私たちの教科書は、どのようにして書かれたものなの？

憲法は義務教育を無償[11]としている（26条2項）。それを受けて教科書も無償で配布することと法律で定められている。主たる教材である教科書は、民間の図書の場合、申請を受けて文部科学大臣が検定を実施することとなっている。こうした教科書検定の意義やその合憲性等が争われた家永教科書裁判について、以下にみていこう。

(1)　**教科書検定とは**　教科書検定は、「民間で著作・編集された図書」について、文部科学大臣が「教科書として適切か否か」審査し、合格したものにだけ教科書としての使用を認めることをいい、「著作者の創意工夫に期待する」とともに、「適切な教科書を確保することをねらい」とする。また学習指導要領が定められるのと同様、教科書検定も、「全国的な教育水準の維持向上、教育の機会均等の保障、適正な教育内容の維持、教育の中立性の確保など」のために実施される（文部科学省ホームページ http://www.mext.go.jp/a_menu/shotou/kyoukasho/gaiyou/04060901/1235088.htm）。こうした検定は学習指導要領等に基づき行われ、教科書の内容にまで及び、検定に合格しなければ教科書として発行することはできない。すなわち教科書検定は、執筆者の決定した教育内容に対する国家の介入といえる。これが行き過ぎた介入なのかどうか、問題とされてきた。

11　高校の実質無償化
高等学校教育は、「高度な普通教育及び専門教育」（学教法50条）とされ、義務教育ではない。ところで、世帯所得が一定額未満の入学者を対象とする公立高校の無償化と国立私立を含む高校の修学支援金給付のための制度が法律で設けられ、2010年度から開始された。2014年度からは実質無償化も含めた修学支援金制度に一本化され、公立に加え国立高校も実質無償化された。2020年度からは私立高校も実質無償化されている。

(2)　**家永教科書裁判**　家永教科書裁判とは、歴史学者の家永三郎が教科書として執筆した『新日本史』に対する検定不合格処分をめぐり、教科書検定という制度自体や個々の検定処分が教科書執筆の自由を保障した憲法26

条に違反し、また憲法21条2項の禁止する「検閲」にあたるなどとして、長期にわたり争われた第1次から第3次までの一連の訴訟をいう。

第1次家永教科書事件（最判平成5年3月16日）で最高裁は、教科書検定における審査が、「教育内容に及」んでも、「普通教育の場」では「教育内容が正確かつ中立・公正で、地域、学校のいかんにかかわらず全国的に一定の水準であることが要請され」るので、審査基準が「必要かつ合理的な範囲を超え」ず、「子どもが自由かつ独立の人格として成長することを妨げる内容を含むものでは」ないならば、許容されるとした。これより前に、第2次家永教科書事件第1審（東京地判昭和45年7月17日）は、教科書検定を「教科書の誤記、誤植その他の客観的に明らかな誤り」等のみを審査する限り合憲としていたところ、最高裁は、これとは異なる判断を行ったのである。また最高裁は、検定不合格でも一般図書として発行できる以上、教科書検定は税関検査事件最高裁判決が示した「検閲」の定義（⇒47頁❼⇒6参照）にあてはまらないとした。

教科書検定制度が合憲としても、個々の検定処分まで常に合憲とは限らない。第3次家永教科書事件で争われたいくつかの検定処分のうち、「関東軍の中に細菌戦を行うことを目的とした「731部隊」と称する軍隊が存在し、生体実験をして多数の中国人等を殺害したとの大筋」に関する記述を文部大臣（当時）が「時期尚早」として全部削除すべきとした修正意見（従わない場合は検定不合格となる）は、「その判断の過程に、検定当時の学説状況の認識及び旧検定基準に違反するとの評価に看過し難い過誤があり、裁量権の範囲を逸脱した違法がある」とされた（最判平成9年8月29日）。

このように、教科書の記述には、検定を経て当初の執筆者の意図が完全には反映されないことがある。こうした背景には、学問の自由とは異なり普通教育における教育の自由は全国的に一定水準の教育を確保するために制約に服すべきという考え方があるが、学問研究の成果が教育を通じて社会に還元されることを考えれば、制約の可否は慎重に判断されるべきであろう。また教科書検定には、何を子どもたちに教え、あるいは教えないかを教育行政機関が編集しようとする意図も見え隠れする。

副読本問題が示唆するように、教育内容を教育行政機関が編集することには見過ごせないリスクがある。こうしたリスクを意識するだけでなく、「不当な支配」の排除や、教育の機会均等（資料❸参照）も大切である[⇒12]。私たち1人ひとりが学校や、そこで教えられていることにきちんと向き合うことが大切だろう。

⇒12 朝鮮学校と教育の機会均等

2010年の旧制度下で修学支援金の適用対象とする旨の文部科学大臣の指定を申請した朝鮮高級学校（各種学校。学教法134条1項）に対して、文部科学大臣が当該指定をしなかったこと（以下、「当該不指定処分」とする）などが裁判で争われた。大阪地裁は、北朝鮮等から「不当な支配」を受けているとの疑念を生じさせる「特段の事情」のない限り文部科学大臣に不指定処分を行う裁量は認められないとして、当該不指定処分を違法と判示した（大阪地判平成29年7月28日）。一方、控訴審は、北朝鮮等から「不当な支配」を受けている「合理的な疑い」があるなどとして、当該不指定処分を文部科学大臣の裁量の範囲内と認め適法と判示した（大阪高判平成30年9月27日）。ただし、大阪高裁は、朝鮮高級学校が朝鮮語による教育を行い、北朝鮮の歴史等を教え、その国家理念を肯定的に評価することは教育目的として是認されるとし、その一事をもって北朝鮮等からの「不当な支配」があるとはいえないとしている。なお、全国10の朝鮮高級学校が支援金制度の対象から除外されたことについて、最高裁は適法と判示している（最判令和元年8月27日）。

高校の実質無償化がゆきわたりつつある現在、「不当な支配」を受けている疑いのある学校に通う生徒に対しいかに教育の機会均等を確保するかは、放置されてはならない課題といえよう。

資料❸ 教育の機会均等と私学助成

私立大学と国公立大学の内訳

（令和元年5月1日現在）

	学校数	在学者数
国立	86校	606,449人
公立	93校	158,176人
私立（A）	607校	2,154,043人
計（B）	786校	2,918,668人
私立の割合（A/B）	77.2%	73.8%

幅広く高等教育をゆきわたらせ、教育の機会均等をはかるためには、進学先の選択肢が豊富である方がよい。

左の表にみるように、大学生の約7割が私立大学の学生であるなど、教育において私立学校の果たす役割は小さくない。そこで、私立学校法や私立学校振興助成法の下、公金による補助が認められている。もっとも、こうした補助が認められるのは、「自主性」と同時に私学には「公の性質」（教基法8条）や「公共性」（私立学校法1条）があるとされているからであり、「自主性」が重んじられるあまり私学が憲法89条のいう「公の支配」を実質的に抜け出してしまうことのないようにする必要がある。

表の出典　文部科学省「令和元年度学校基本調査（確定値）」

バイトを辞めてと言われたら、退職しないといけないのですか?

設例　飲食店で週３回アルバイトをしている大学生のＡさんは、店長から突然「新型のウイルス感染症拡大の影響でお店の営業を自粛し、明日から休業するため、退職届を今日中に出してください。」と言われた[1]。バイト代を学費や生活費の一部にあてているので、辞めたくない。どうしたらよいかわからず、困っていた。

憲法22条１項　何人も、公共の福祉に反しない限り、居住、移転及び職業選択の自由を有する。
憲法27条１項　すべて国民は、勤労の権利を有し、義務を負ふ。
憲法27条２項　賃金、就業時間、休息その他の勤労条件に関する基準は、法律でこれを定める。
憲法27条３項　児童は、これを酷使してはならない。
憲法28条：勤労者の団結する権利及び団体交渉その他の団体行動をする権利は、これを保障する。

1 「仕事をする」ってどういうこと?

(1)　**働くことは権利である**　「仕事をする」、「働く」には、いろいろな意味が含まれる。広い意味では人間の社会的活動すべてである。自分や家族の生活のために行う社会的活動や職業活動はワーク（work）である。このほか、会社を起こして働くワーク、社会貢献活動に従事するワーク、家事や育児・介護等の家事労働というワークもある。また、働いて賃金等の収入を得る「有償労働（paid work）」と、収入が伴わない「無償労働（unpaid work）」という区別[2]もある。

一方、狭い意味では、他人に雇われて働くのは「雇用労働」であり、レイバー（labor）の意味合いである。人（労働者[3]）が使用者との間で、使用者の指揮命令に従って働いて、その対価として一定の報酬を受け取る活動がlaborである。アルバイトも雇用労働である。

最高裁判所の判決は「職業」を、個性の発揮、社会的役割の実現、生計の維持の三要素で定義している。具体的には「人が自己の生計を維持するためにする継続的活動であるとともに、分業社会においては、これを通じて社会の存続と発展に寄与する社会的機能分担の活動たる性質を有し、各人が自己のもつ個性を全うすべき場として、個人の人格的価値とも不可分の関連を有するものである」（薬局距離制限事件・最大判昭50年4月30日）としている（⇒53頁❽３(1)）。憲法は、こういう考え方で、働くことは権利であるとしている。

(2)　**使用者と労働者の関係**　憲法は、働く権利について、職業活動に関する権利は22条で、雇用労働に関する権利は27条と28条で保障している。

➾1　労働権へのコロナ禍の影響

解雇・雇い止め１万人超
非正規　懸念高まる

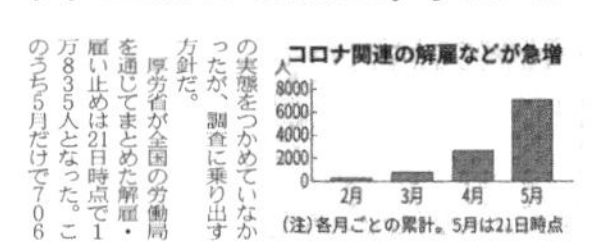
の実態をつかめていなかったが、調査に乗り出す方針だ。
厚労省が全国の労働局を通じてまとめた解雇・雇い止めは21日時点で1万835人となった。このうち5月だけで706

（日本経済新聞2020年5月23日）

➾2　有償労働・無償労働
内閣府『男女共同参画白書（令和２年版）』によると、１日あたりの有償労働は男性452分、女性272分であり、無償労働は男性41分、女性224分である。OECD加盟国では、日本は韓国と同様、男性の有償労働の時間が極端に多く、無償労働が女性に偏る傾向がたいへん強い。

➾3　労働者
労働者の雇用形態は、常勤の正社員および非正規社員（パート、契約、嘱託、派遣等）、その他と多様化している。非正規労働者が増加し、2019年では雇用者のうち、正規は3494万人、非正規は2165万人（男性が691万人、女性が1475万人）である。障がい者の特別雇用、高齢者の再雇用もある。

労働契約を結んでいない労働者には、「委任」と「請負」がある。委任は、弁護士に仕事を依頼する場合等である。請負は、大工が家を建てる場合や、ホームページを制作する等、請負人が注文者の指揮・命令を受けることなく自らの判断で仕事をする契約で、仕事を完成させて初めて報酬を請求することができる。

働く（labor）ときのルールは、使用者と労働者の契約で決まる。この契約を「労働契約」という。労働契約が締結されたときに、労働者がまず守らなければならないのは、使用者の指揮命令に従って働くことである。しかし、使用者（社長）と労働者（社員やアルバイト）とは、身分的な支配関係ではないので、意思に反する奴隷のような条件で仕事をさせられる労働契約は禁止される（27条2項）。また、子どもは、学んだり遊んだりしながら成長するという「子どもとしての仕事」があるので、一定年齢以下の子どもを働かせる「児童労働[4]」は「酷使」として禁止される（27条3項）。

労働者の権利は、募集・採用といった働き始めるとき、配置・昇進・休職といった働き続けるとき、退職・解雇といった辞めるとき等の各段階で守られる。もし権利が侵害されたときには、労使の交渉、調停、裁判等、様々な解決方法が整えられている（⇒コラム1）。

⑶　**仕事をやめることも権利、やめさせられないことも権利である**　アルバイトでも正社員でも、仕事が合わなかったり、個人的な事情があったりして、労働契約を終了させて仕事をやめたいと思うこともある。円満にやめたい場合は、使用者に退職の意思をきちんと伝えて、解約を承諾してもらうことが適している（合意解約）。とはいえ、労働者は2週間前に申し入れれば、いつでもやめることができる（民法627条1項）。

使用者からの一方的な労働契約の解約を「解雇」という。労働者は正規・非正規を問わず、使用者から一方的に解雇を宣告されたり、退職届をすぐに提出するように言われたりしても、応じる必要はない。使用者が労働者を解雇するには、①30日前に予告するか、②30日分以上の平均賃金を解雇予告手当として支払うか、③①と②を併用することを、労働基準法は義務付けている（労働基準法20条）。経営悪化を理由に解雇するときは、労働者個人には何ら責任がないので、要件はより厳しくなる。

⑷　**人間らしく働くことは「権利」**　労働者は法律上、国籍、信条、社会的身分を理由として、賃金、労働時間その他の労働条件について差別されず（労働基準法3条）、女性は男性と同じ仕事であれば賃金の差別なく（同4条）、働く権利がある。障がいがある労働者は、障がいのない者と募集・採用について均等な機会を持ち、さらに、賃金、教育訓練、福利厚生施設の利用等の待遇について差別なく働く権利がある（障害者雇用促進法34条、35条）。また、使用者には、労働者のケガを防止するだけではなく、セクシュアル・ハラスメント等の被害を予防して、安心して安全に仕事ができる権利に気を配る義

➾4　児童労働
世界の児童労働者（5～17歳）は1億5200万人で、子どもの10.6％にあたる（ILO推計、2016年）。このうち、子ども兵士や人身売買、売春を含む危険・有害労働に従事させられて人権が侵害されている子どもは7300万人であり、大きな社会問題となっている。

裁判だけではない、労働者の権利が侵害されたときの解決方法

労働分野では、採用、昇進、昇給・手当、解雇等さまざまな場面で、性別、年齢、婚姻の有無、国籍、障がい、社会的身分、宗教、民族による差別や人権侵害が起きやすい。被害が起きた場合に、私たちはまず話し合いを試みるだろう。それで解決ができない場合、公的な機関に相談したり、裁判を提起して、自分の権利を回復しようとするだろう。

しかし、裁判で解決しようとすると、費用がかかり、手続が複雑で、時間がかかる。そこで、公的な第三者機関によって、安く・簡単に・早く解決できるADR（裁判外紛争処理制度）への期待が高まっている。

日本では、中央労働委員会や国の出先機関である都道府県労働局が労働安全法、労働基準法、均等法に基づき調停を行っていたり、都道府県の労働相談センターが独自にあっせんを行ったりしている。

2006年4月に、労働審判制度が開始された。その解決率は約7割とかなり高く、ADRが事案の解決方法として定着してきたといえよう。

務（安全配慮義務）がある。アルバイトの大学生も留学生も労働者の1人であり、このような働く権利がある。

国際的には、国際労働機関（ILO）[5]が1987年に「ディーセント・ワーク（decent work）」の実現をその活動目標として取り組み始めた。人には「働きがいのある人間らしい仕事」をする権利があるという意味であり、人間としての尊厳を保てる生産的な仕事ができる社会の実現をめざすものである。重要な考え方なので、2015年に国連で採択されたSDGsの目標8に掲げられた（⇒81頁の**4**、コラム3）

⇒5 **国際労働機関（ILO）**
1919年に設立され、185か国が加盟する、政府、使用者、労働者の代表からなる三者構成の原則をとる唯一の国連機関である。1日8時間労働、母性保護、児童労働、職場の安全、平和的な労使関係の推進等、世界共通の労働基準を立案し、働く権利の保障に取り組んでいる。東京に駐日事務所がある。

2　突然の解雇通告や「ブラック企業」から自分を守る——労働権

⑴　**勤労条件法定主義**　労働契約の内容である賃金の水準や働き方は、労働者と使用者の自由な合意にまかされている。ところが、企業の持っている力は強く、両者の力関係はアンバランスなので、憲法は、弱い立場の労働者が権利を侵害されたり搾取されたりするような労働契約を防ぎ、労働権を保障するためにさまざまな法律を定めるよう規定している（27条2項。勤労条件法定主義）。賃金の最低額や差別的賃金の禁止等、具体的な基準は、それぞれ最低賃金法や労働基準法といった法律により定められている。こうした法律を総称して「労働法」という。

⑵　**労働基本権の保障**　さらに、憲法は、労働基本権として団結権、団体交渉権、争議権を保障した（28条）。この3つをあわせて「労働三権」という。

第1の団結権は、労働組合結成権である。労働条件の維持・改善のために使用者と対等の交渉ができる団体を結成したり、それに参加したりする権利である。使用者との交渉団体としての立場を強化した労働組合[6]は、労働基本権の保障には重要な団体である。アルバイトも組合に入ることができる。

⇒6 **労働組合**
2019年の日本の労組の数は2万4057組合である。雇用者数6023万人に対し、組合員数は約1009万人（このうち、女性は約338万5000人・パートタイム労働者は約133万人）である。2019年の組織率は16.7％に落ち込んだ。毎年2月～3月に各労組が行う「春闘」は、賃金の引上げ等の労働条件の改善を要求する労働運動として社会的な影響力を持っている。

第2の団体交渉権は、労働者の団体がその代表を通じて、労働条件について使用者と交渉する権利である。使用者は団体交渉を拒んではならない。労働者の代表は、使用者と対等の立場で交渉ができる。交渉の結果として締結されるのが労働協約である（労働組合法（以下、「労組」という。）14条）。労働協約は、使用者と労働者という私人間の契約に過ぎないが、弱い立場の労働者を守るため、公的な法律と同じような強い効力（規範的効力）をもつことが特徴である。法律に違反する行為が無効になるのと同様、労働協約に違反する労働契約は無効である。

第3の争議権は、労働者の団体が労働条件の実現を図るために団体行動を行う権利である。その中心は争議行為であり、その方法はストライキ、ピケッティング、サボタージュ（怠業）等がある。使用者と労働者が激しく争って実力行使を伴うこともあるが、正当な争議行動であれば、憲法や労働組合法で保障された権利の行使とされる。その行動によって、労働者は刑事罰に問われることはなく、使用者は労働組合や労働者に対して損害賠償を請求することはできない（労組1条2項、8条）。

働き方が多様化している今日でも、労働基本権はすべての労働者に認められている。ただし、公務員の労働基本権は民間企業の労働者と異なり、制限されている（⇒コラム2、18頁の❷**4**）

⑶　**労働基本権の保障の崩壊**　このように、憲法と法律によって労働権

は保障されているものの、今日の社会では、労働に関する深刻な人権侵害が起きている。不安定な雇用、失業、危険な仕事、不平等や差別・人権侵害がある仕事や職場で働いている。職場の寮で生活していれば、解雇や辞職と同時に住まいも失う。業務の過重負担や長時間労働、サービス残業、ハラスメントによる過労死や脳血管・心臓の疾患、精神障がいが発生したり、妊娠・育児、介護等を理由とした不利益取扱いを受けたりする事案も深刻である。非正規社員の平均賃金は、正社員の約半分と、低い。

特に、若者の労働者を、まるで使い捨ての道具のように働かせる企業は人権侵害が激しく、「ブラック企業」と呼ばれて批判されている。その数の増加と内容の深刻さが大きな社会問題となり、政府は、労働基準監督署による企業に対する是正指導等を行うとともに、2014年11月に過労死等防止対策推進法を制定して対応を強化した。

3 仕事もプライベートも充実したい！

⑴ **裁判を通じた権利の回復**　「働きがいのある人間らしい仕事」（ディーセント・ワーク）を実現するには、仕事とプライベートを両立させるワーク・ライフ・バランス（以下、「WLB」という。）が不可欠である。WLBの実現に悩みながらも仕事を続けたいとまず声を上げたのは、女性の働き手であった。彼女たちは、会社の働き方のルールが憲法14条や民法90条、709条、715条等に違反する性差別や人権侵害にあたるとして、使用者を相手にして裁判を提起した（⇒プロローグ、❹ 1 を参照）。

こうして労働権は、立法による実現だけではなく、裁判によっても実現されてきた。例えば、労働者の性別が女性という理由だけで男性と異なる扱いをした結婚退職制（住友セメント事件・東京地判昭41年12月20日）、男女別定年制（伊豆シャボテン公園事件・東京高判昭50年2月26日、日産自動車事件・最判昭56年3月24日）、セクシュアル・ハラスメント[7]（以下、「SH」という。）（福岡地判平4年4月16日）等の判決では、働く権利に関する憲法の規定は企業と

7 セクシュアル・ハラスメント
相手方が望まない性関係の強要、身体への接触、性的な発言・態度等で、対価型、環境型がある（男女雇用機会均等法11条）。上司と部下、正規社員と非正規社員といった強い者と弱い者の権力関係のなかで起き、より弱い立場の人が被害者になりやすい。

コラム 公務員の労働基本権

公務員が「争議行為の禁止」に違反した場合には、免職、停職、減給、戒告といった懲戒処分の対象となる。また、争議行為を行うよう「共謀し、そそのかし、若しくはあおり、又はこれらの行為を企てたもの」に対して、刑罰が科される（国家公務員法110条1項17号、地方公務員法61条4号）。この公務員の争議禁止に関する規定が適用されて刑事罰に問われた公務員が、同規定は労働基本権の侵害にあたり、憲法に違反するのではないかと、裁判で争ってきた（⇒19頁❷ 4 参照）。

こうした事案に対して、裁判所は判断を変えてきた。

①かつては公務員は「全体の奉仕者」（15条2項）であることを理由に、争議行為を煽った者等に刑事罰を科すことを合憲としてきた（政令201号事件判決・最大判昭和28年4月8日）。

②公共企業体である郵政公社の職員の場合は「全体の奉仕者論」を否定し、公務員も憲法28条の保障を受けると、公務員の労働基本権を尊重する立場に転換した（全逓東京中郵事件・最大判昭和41年10月26日）。地方公務員（東京都教組事件・最大判昭和44年4月2日）、国家公務員（全司法仙台事件・最大判昭和44年4月2日）でもこの立場は踏襲された。

③ただし、非現業の公務員であった農林省（当時）の職員の事案（全農林警職法事件・最大判昭和48年4月25日）で、もう一度立場を転換し、現行法の厳しい全面的な制限を公務員の地位の特殊性と職務の公共性を強調して積極的に合憲とする立場へ推移して、現在に至っている。

労働者という私人間の関係にも適用されて、企業は憲法に反する差別や人権侵害をしてはいけないことと、労働者の人権を尊重しなければならないことが重ねて確認された。

(2) **さらなる法制度の整備**　裁判になる事案が増えると、労働者の権利に関する新たな課題が浮かび上がり、それに対応する法制度の整備が進んだ。労働権は人権の裁判的保障という側面とともに、立法による実現という政治的保障の側面ももっている。

性差別を例にすると、日本政府は、それまでの裁判の結果や、1985年に批准した「女性差別撤廃条約[8]」をふまえて、同年に男女雇用機会均等法（以下、「均等法」という。）を整備した。同法では当初、募集、採用、配置、昇進についての女性差別の禁止は企業の努力義務とされたが、1997年の改正の際に義務規定に改正された。この改正ではさらに、企業に対し、SH防止への企業の配慮義務が加わった。さらに、2006年の改正では、女性への差別禁止から、男女問わず性別を理由とした差別を禁止する男女共通規制へ転換した。このように、男女の雇用機会均等の分野の法制度の整備は、ゆっくりとした歩みであるが、ある程度は進んだ。

WLB推進のための法整備や政府の対応は遅れた。他方、自治体は、児童福祉政策である保育所の整備を、女性の働く権利を保障する目的に拡げて、取り組んだ。一方、政府は、1989年に出生率が1.57となったことを契機として、少子化対策の一環としてこの課題に本格的に取り組み始めた。1991年に制定された育児休業法は、1995年に育児・介護休業法に改正された。2003年に、国、自治体、一定の規模以上の企業に対して、各々が仕事と育児の両立を推進するための行動計画を策定することを求める次世代育成支援対策推進法[9]が制定された。

また、アルバイト等、多様な雇用形態の労働者の働く権利を保障する立法は遅れたが、パートタイム労働法、労働者派遣法等が制定・改正された。

(3) **法制度の限界**　裁判や法制度の整備を通じて、WLBの実現やSHへの対応は、ディーセント・ワークという人権の課題であるとの認識が、社会的にも、法的にも定着してきた。しかし、法律は整備されても、労働者の権利が侵害される事案は依然として多く生じている[10]。

SHや、上司と部下の関係で起こるパワー・ハラスメント、女性が妊娠したことによる不利益扱いといったマタニティ・ハラスメント等、さまざまなハラスメントによる人権被害も顕在化している。妊娠中の軽易業務への転換を契機とした降格処分について、最高裁は初めて憲法違反と判断した（最判平成26年10月23日）。近年では、男性の、介護を理由とした不利益扱いも増加している。2017年1月から、企業に対し、妊娠、出産、育児、介護に関するハラスメントを防止するために必要な措置をとることが義務付けられた。

年齢、性別、家族構成に関わらず、男性と女性の双方にとって働きやすい職場を作り出すことは人権保障の取り組みであり、企業にとっても政府にとっても実行が急がれる課題といえよう。

4　さまざまな人が働きやすい職場をつくるには？

(1) **ダイバーシティ＆インクルージョンの推進**　近年、多国籍企業が主体となって、企業の社会的責任（CSR）の分野から、「企業の人権尊重責任」

8　女性差別撤廃条約
1979年に国連総会で採択され、1980年に発効した各国間条約。締約国の数は2019年現在で189か国である。日本は1980年に署名し、1985年に批准した。批准にあたり、国籍法の改正、均等法の制定、学習指導要綱の改正（中学校における家庭科の男女共修）が行われた。

9　次世代育成支援対策推進法
2003年に10年間の限時立法として制定されたが、2013年にさらに10年間延長された。国、自治体、企業に対し、少子化対策のための行動計画を定めるよう求める法律である。それに応じて「一般事業主行動計画」を策定して、一定の基準に達したとして厚生労働省に認定された企業は「くるみんマーク」を付けることができる。

10　国の企業に対する是正指導の件数
2018年度に雇用環境・均等部（室）が行った男女雇用機会均等法、パートタイム労働法、育児・介護休業法に関する是正指導件数は71371件（対前年度比11％減）であった。

11　ナイキ社のスウェット・ショップ
企業が本社のある国内では法律を遵守して労働者の権利を守っていたとしても、取引先のある他国で人権侵害を起こしている問題が明らかとなった事案である。1997年に同社が委託するベトナ

という考え方がグローバルに広がってきた。そのきっかけとなった大きな事件として注目されたのは、ナイキ社のスウェット・ショップ[11]である。これ以降、企業活動が人権に及ぼす影響が注目され、CSRにおける人権課題の重要性が高まってきた。

さらに、企業は、ダイバーシティ[12]を推進して、多様な背景をもつ人が活躍することが、ビジネスの持続可能な発展に不可欠であるという価値観を共有しつつある。こうした考え方が社会に広く共有されれば、国籍、宗教、性的指向、障がいや病気の有無等のちがいを持つ人々がそれぞれの能力、ライフスタイル、ライフサイクルに合わせて人間らしく働くことができる「ディーセント・ワーク」をする権利が実現するのではないだろうか。

(2) **企業の取り組みの発展**　人権保障は、政府が実施する義務である。政府は働く権利についても、さまざまな立法や政策を実施してきた。しかし、人権侵害や差別は依然として多く生じている。労働者の働く権利を保障するには政府だけでは不十分であり、企業の取り組みも重要である。

そこで、政府は、これまでの差別を禁止する法律に違反した企業を罰するといった企業断罪型の手法に加えて新たに、企業が人権保障を前向きに取り組むよう促している。例えば、企業に対して、雇用する労働者の2.2%に相当する障害者を雇用することを義務付け、政府はこの基準を満たさない企業から納付金を徴収する（障害者雇用促進法）。また、障がい者が働きやすいよう合理的配慮を求めたり、企業内に相談窓口を設けたり、多様な属性を持つ労働者がともに働きやすい職場を作るための行動計画を策定したりすることを法律で義務付けたり、働きやすい職場を実現した企業を税制上優遇したりしている（均等法や女性活躍推進法[13]）。こうして、人権保障とダイバーシティ&インクルージョンに取り組む企業を後押しすることで、差別の事案を減らそうとしている。今日では、多くの企業が自ら、地球上の「誰1人取り残さない」という考え方で作成されたSDGs（⇒コラム3）を推進しており、今後ますますその取り組みの発展が注目される。

ム等東南アジアの下請工場で、強制労働、児童労働、低賃金労働、長時間労働、SHなどの人権侵害があることが暴露された。そのために、世界中で同社に対する製品の不買運動や訴訟問題に発展した。

➡12　ダイバーシティ
性別、性的指向･性自認、年齢、国籍、障がい、宗教、キャリアや働き方等が異なる人々が、その能力を最大限発揮できる多様性のこと。これまでの単一性・同一性を重視してきた社会のあり方や企業経営を見直してダイバーシティを推進することが、人権の保障とともに、イノベーションを生み出し、新たな価値を創造して、よりよい社会を作り出すと考えられている。

➡13　女性の職業生活における活躍の推進に関する法律
2016年4月1日に施行された10年間の限時立法。2020年4月施行の同改正法により、従業員301人以上の企業は、①採用者や管理職の女性比率、男女の賃金格差等の職業生活に関する機会および②男女別の育児休業取得率などワーク・ライフ・バランスの整備のそれぞれについて1つ以上の数値目標を定めた行動計画を策定する等の義務が課せられた。
取組の実施状況が優良な企業は、申請により、厚生労働大臣の認定を受け、「えるぼしマーク」を付けることができる。
各企業の数値目標や達成の度合いは、厚生労働省ウェブサイト「女性の活躍推進企業データベース」から閲覧できる。これらの情報は、就職活動の際に参考になるだろう。

SDGs ―国連持続可能な開発目標

出典　https://www.un.org/sustainabledevelopment/
なお、ロゴの掲載は、国連が本書籍の内容を承認したこと、また、本書籍の内容が国連やその機関、加盟国の見解を反映するものであることを示すものではない。

SDGsは、2015年9月の米国ニューヨーク市の国連本部において開催された「国連持続可能な開発サミット」で採択された成果文書「我々の世界を変革する：持続可能な開発のための2030アジェンダ」で掲げられた17の目標と169のターゲットから構成される。2030年までに実現するよう、国連加盟国の政府はもちろん、自治体や企業、学校等、社会のさまざまな主体が積極的に取り組んでいる。

17の目標はそれぞれ、労働権の保障や促進と深い関わりあいがある。例えば、ディーセント・ワーク（目標8)、ジェンダー平等（目標5)、教育（目標4)、健康と福祉の増進（目標3）である。

世界中で新型コロナウイルス感染症のパンデミックが生じた2020年に、国連は、感染拡大による影響を削減するためには、最も脆弱な立場に置かれた人々や子ども、女性、男性、さらにはインフォーマル・セクターの労働者に対する影響の差異に配慮した対応が必要であり、それはSDGsの達成に向けた前進に重要な意味を持つことを強調した。

自分の家なのに出て行かないといけないのですか？

▶財産権

設例 Aさんの祖父母は、数棟のマンションから成る団地の1室を購入、長年にわたり居住しここを終の棲家と考えてきた。しかし、建替え計画が持ち上がり、団地全体の建替えが居住者の多数の賛成を得て決まった。高齢で病気でもあった祖父母は、環境の変化を恐れ反対した。しかし、開発業者から明渡し等を請求され、住み慣れた部屋を出ていくことを余儀なくされた。

憲法29条第1項　財産権は、これを侵してはならない。
第2項　財産権の内容は、公共の福祉に適合するやうに、法律でこれを定める。
第3項　私有財産は、正当な補償の下に、これを公共のために用ひることができる。

1　うちのマンションが建替えられることに！

(1)　財産権について憲法はどのように定めているか　マンションに住むということは特段珍しいことではない。もしかしたら、みなさん自身や家族が、現在住んでいるかもしれない。マンションの1室を購入した場合、その部屋は購入者のものになる。法律上は、購入者はその部屋に対する**区分所有権**[1]を獲得する（区分所有法1条・2条）。この権利が自らの意思に反して奪われるという事態が生ずることについて、憲法で保障されている財産権の観点からはどのように説明されるであろうか。憲法29条には、財産権という言葉が出てくるが、これは、財産的価値を有する様々な権利の総称でしかない。個々の権利がどのような内容を持つのかは、法律によって定められなければ憲法限りでは分からない。権利の内容を定める法律の諸規定が置かれ、**法制度**が形作られることによって初めて個々の財産権の具体的な姿が立ち現れるのである。ここで出てきた法制度というワードは法学で用いられる基本概念である。法の世界は、人々が互いにどのような権利や義務を持っているかという観点から描かれる。社会生活の中で生ずる様々な関係において個々人が有する権利や義務がどういうものであるかを、立法者は法律の中で条文にして書き表す。これらの条文がひとまとまりになってできた一般的なルールを法制度という。例えば、様々な財産権のベースとなっている所有権については、**民法206条**[2]でその定義がなされ、更に同条以下でその範囲や行使、取得等のルールが定められて、所有権制度というひとつの法制度が形作られている。区分所有権も所有権の一種ではあるが、憲法29条2項のいう法律＝区分所有法によって形成された区分所有権制度の中で、独自の内容が形作られた権利である。

財産権の内容を形成する際、立法者は、保障の内容や程度を比較的自由に

➡1　**区分所有権**
1棟の建物の中にある構造上区分され、独立して住居、店舗等の用途に使える各部分（要するにマンションの一区画）を目的とする所有権のこと。「建物の区分所有等に関する法律」（以下、「区分所有法」という）によって、そのルールが定められている。

➡2　**民法206条**
所有者は、法令の制限内において、自由にその所有物の使用、収益及び処分をする権利を有する。

決めることができ、弱い保障しか受けない権利とすることもできる。歴史的に見ると、近代憲法が作られ始めた頃には、フランス人権宣言（1789年）に見られるように、財産権は**神聖不可侵の権利**であり、強い保障を受けるものとされていた。そこには、**プロパティ**[3]論を説いたロックの影響がある。ところが、富者の財産権を強く保障しすぎることの弊害が生じ、**社会国家**（福祉国家）**思想**[4]が台頭してくる中で、財産権は**社会的な拘束**を負ったものであり、広く規制を受けるものとされるようになった。この考え方は、ワイマール憲法（1919年）に取り込まれて以降、多くの国の憲法に受け継がれてきた。日本国憲法29条2項の「公共の福祉に適合するやうに」という語にも、社会全体の利益をも適切に考慮して財産権を形成するよう要請する意味が込められている。

(2)「財産権を形成する法律」の合憲性　このように、憲法は、法律が財産権の内容を形成することを要請し、その際、財産権に社会的拘束が課されることも容認している。しかし、どのような内容の法律でも自由に定めることができるのでは、法律より上位にある憲法によって、財産権が保障されている意味がなくなってしまう。そこで、立法にはいくつかの限界が憲法上存在すると解されてきた。これらの限界を踏み越えて作られた法律は違憲となる。まず、**私有財産制**の核心が侵されてはならない（第1の限界）。私有財産制の核心とは何かをめぐって論争もあったが､生産手段の私有制（資本主義）と考えるのが一般的となっている。また、「個人の現に有する具体的な財産上の権利」がむやみに取り上げられてはならない（第2の限界、これについては次の**2**で扱う）。さらに、法律による不適切な財産権の形成が行われてはならない（第3の限界）。裁判では、この観点から法律の違憲審査が行われることが、最も多い。そして、最高裁判所の判例によるこの審査の枠組みは、ある程度定式化されてきている。すなわち、「規制の目的、必要性、内容、その規制によって制限される財産権の種類、性質及び制限の程度等を比較考量して判断」するというものである。〈規制の目的、必要性、内容〉をひとま

➡3 プロパティ
ジョン・ロック『統治二論』（1690年）の中で説かれた概念。人は誰でも、自分自身の身体に対する固有の権利（property）を持っており、その身体の労働によって獲得された物や土地に対して、他人を排除する所有権（property）が生ずるという。この部分の記述が所有権の不可侵性・排他性を基礎付けるものとして援用されてきた。

➡4 社会国家（福祉国家）思想
社会的・経済的弱者の保護や統制のとれた社会秩序の発展のために、国家が積極的な措置をとらなければならないという考え方。財産権保障以外の領域での日本国憲法におけるこうした考え方の現われについて⇒53頁❽コラム2、64頁❿➡5。

森林法判決と「憲法上の財産権」の探求

第3の限界の存在に注目が集まるきっかけとなったのが、森林法判決（最大判昭和62年4月22日）である。森林を持分2分の1ずつ共有していた兄弟に修復不能な仲違いが生じたため、弟が兄に分割を請求し別々に所有しようとした。民法256条1項によれば、各共有者はいつでも分割を請求できる。ところが森林の場合、森林法186条が、持分2分の1以下の共有者に分割請求権を否定していた。それゆえ、この弟の分割請求は認められない。かかる森林法の規定は憲法29条に違反するのではないかという問題が、浮上したのである。この規定は、私有財産制の核心を否定するものとはおよそ言えないものであり、また、森林の共有開始前から存在していたため、第1・第2の限界は問題とならない。ここで問われたのは第3の限界である。最高裁は、共有物分割請求権は、各共有者に近代市民社会における原則的所有形態である単独所有への移行を可能にするものとして民法において認められたと述べ、そうした分割請求権の否定は、憲法上、財産権の制限に該当し、かかる制限を設ける立法は憲法29条2項にいう公共の福祉に適合することを要するとした。そして、比較考量審査の結果、違憲と結論づけた。

この判決を読んだ憲法学者は、《民法》という法律で認められた分割請求権を否定することが、なぜ《憲法》上、財産権の制限になるのか、頭を悩ませてきた。民法で認められた分割請求権の裏には、憲法上観念され得る財産権の保障内容があるのではないかとして、いくつかの見解も提示されているところである。何らかの憲法上の財産権が本当に観念できるのか、審査の規準となるものは何なのか､未だ議論は尽きておらず、更なる研究の深化が必要なところである。

とめにして天秤の一方の皿にのせ、〈その規制によって制限される財産権の種類、性質及び制限の程度〉をもう一方の皿にのせ、どちらに傾くかを比べるというイメージである。最高裁は、この定式を掲げて**インサイダー取引規制**[5]の合憲性を検討した証券取引法判決（最大判平成14年2月13日）を、後続の判例においても参照し、審査している（最判平成14年4月5日、最判平成15年4月18日、最判平成18年11月27日、最判平成21年4月23日）。

(3) **なぜ部屋を出て行かないといけないのか**　では、この比較考量審査は、具体的にはどのようになされるのか。設例を用いて見ていこう。この設例は、最判平成21年4月23日をもとにしている。この判決の争点は、**団地内建物一括建替え**[6]について定めた区分所有法70条が上記第3の限界を踏み越えて憲法29条に違反するかどうかであった。最高裁は、まず団体的拘束を受けやすいという区分所有権の性質を強調する。マンションには多数の世帯が入居しており、共有にて使用する部分が必ずある。そうである以上、区分所有者は、その建物の管理等をめぐって他の区分所有者と折り合いながら、多数決で決まった団体としてのルールに従って暮らしていかねばならず、区分所有権の行使が制限されてもやむを得ないという。最高裁は、建替えという重大な局面でも、この区分所有権の性質を重く見ている。そして、区分所有法70条は、「団地全体として計画的に良好かつ安全な住環境を確保し、その敷地全体の効率的かつ一体的な利用を図ろうとするもの」として、その合理性を認めた。したがって、この判決によると、区分所有法に基づき建替えが決議されたならば、憲法上の財産権の観点からそれに対抗するすべはない。

もっとも、学説ではこの判示が全面的に受け入れられてはいない。この建替えの要件に合理性があるかについては、疑いの声も多い。このような建替えで、本当に良好（金銭的な効用以外も含まれ得るであろう）かつ安全（この事案では未だ安全性には問題なかった）な住環境が確保されるのか。また、団地内建物一括建替えの場合、なぜ、別の棟の意思が反映され、自らの棟の決議要件がその程度に緩和されるのか、立法過程で理論的に検討された形跡はない。さらに、実際に暮らしている住人にとってはマンションの1室は、単なる財産ではなく、生活を営み自らの人格を発展させる、すなわち、生きることそのものの基盤としての意味を持つ。このことを考え合わせると、区分所有法の定める建替えの要件の合理性を、裁判所がより丁寧に審査する必要があったのではないか。なお、居住という観点からは、憲法13条や22条で保障される居住の自由への侵害が、この事案――出ていかなければならないのが病気の高齢者であり、住み慣れた家を離れることによる心身への甚大な影響が懸念される――では、特に見過ごせない問題であるとして、**適用違憲**[7]とすべきであったとの指摘もある。

➡5 インサイダー取引規制
会社関係者がその職務や地位によって得られた未公開情報を利用して株式の取引を行い不正な利益を得ることを防止するための規制。

➡6 団地内建物一括建替え
一定の要件を満たせば団地内の全建物を一括して建て替えることができる制度。区分所有法70条がその要件を詳細に定めている。多数決要件に関する部分のみを簡潔にまとめると、「団地内の各建物ごとに区分所有者及び議決権の各3分の2以上の賛成」があれば、「団地内区分所有者及び議決権の各5分の4以上の多数」の賛成で決議できる。これに対して、1棟建替えの場合には、「当該建物の区分所有者及び議決権の各5分の4以上の賛成」が必要である（同法62条）。

➡7 適用違憲
法令が当該事件の当事者に適用される限りで違憲とする違憲判断の方法。これに対置されるのが法令そのものを違憲とする「法令違憲」である。最高裁は適用違憲の方法を用いることには消極的である。

2 建築基準が変わったら建物は取り壊し？!

展開例1 Aさんの祖父母は別のマンション（7階建て・高さ約20m）にやっとのことで引っ越した。するとしばらくして、高さの基準が変更され、その地域で建てられるのは、高さ10mまでの建物となった。この基準に適合していないマンションは直ちに建て直しとなり、祖父母は再び早々に引っ越さなければならないのだろうか。

(1)　**現存保障**　　ようやく新しい住居を見つけたらまた受難…？ここでも財産権保障は、祖父母を守ってくれないのだろうか？今回は、すでに有している権利が、後から制定・改正された法（**事後法**）によって制限されたり奪われたりする場面である。ここで考えないといけないのは**「個人の現に有する具体的な財産上の権利」**がむやみに取り上げられてはならないという第2の限界である。これを財産権の現存保障という。それとともに、第3の限界も併せて問題となる。事後法もまた、新たな財産権の内容を形成しているのであり、その形成が適切になされているかが問われるからである。

この場面は、**農地改革**[8]の後に起きた**国有農地売払特措法事件**[9]で争われた。最高裁は、「いったん定められた法律による財産権の性質、その内容を変更する程度、及びこれを変更することによって保護される公益の性質など」を総合的に考慮し、特措法の合理性を認めた。そして、旧地主のように不利益を被る者が生じても、変更が公共の福祉に適合するものと認められる以上、それも憲法上当然容認されるとした（最大判昭和53年7月12日）。こうした判断の仕方は、近年の判決にも引き継がれている（最判平成15年4月18日、最判平成23年9月22日）。

(2)　**既存不適格制度**　　建物に対する所有権の現存保障については、法律でそれに資する制度が作られている。状況に応じて都市計画を見直して行く中で、展開例1のように高さの基準（**絶対高さ制限**[10]）が変更されることもある。しかし、その変更によりこれまで法律上何の問題もなかった建物が違法なも

8　農地改革
第二次世界大戦後、前近代的な地主と小作人の封建関係を解消し、日本国憲法存立の前提を整えるため、GHQの指令により行われた改革。自作農創設特別措置法によって、不在地主の全所有農地と一定規模を超える在村地主の小作地を、国が地主から強制的に買収し、小作人に売り渡した。

9　国有農地売払特措法事件
旧農地法は、買収した土地が自作農創設に役立たない場合には、非常に安価に旧地主に売払うことを認めていた。ある旧地主がその売払いを申し込んだところ、拒否される等して手間取っているうちに、国有農地売払特措法が成立し、売払いの対価が著しく引上げられた。つまり、この旧地主は申込時の予想よりはるかに高額を支払わねばならなくなった。このことが憲法29条に違反するかが争点となった。

コラム　老朽化マンション問題

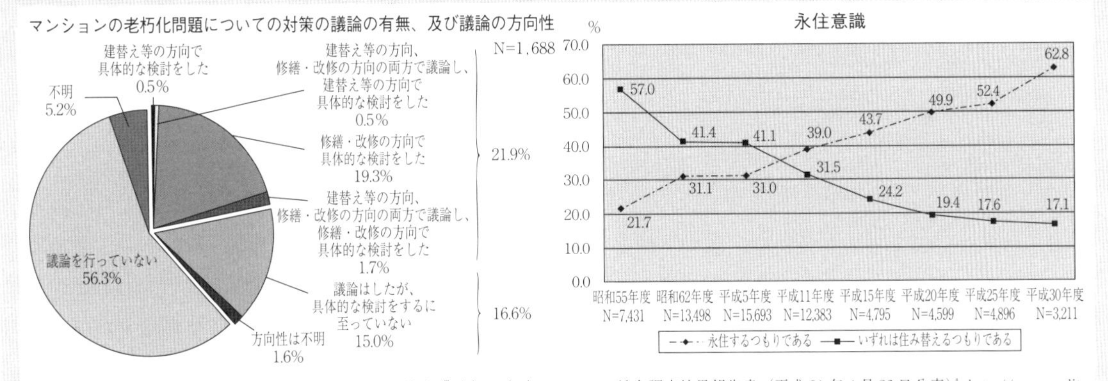

〈出典：国土交通省住宅局市街地建築課マンション政策室『平成30年度マンション総合調査結果報告書（平成31年4月26日公表）』http://www.mlit.go.jp/common/001287570.pdf〉

マンションの建替えをめぐっては、反対する居住者の保護の問題がある一方で、老朽化が深刻な問題となっている。これまでにも改修や建替えをスムーズに行うための法制定や改正が度々なされており、2014年にはマンション建替え円滑化法が大きく改正され、建替えの促進が図られた（改正の概要は https://www.mlit.go.jp/common/001028468.pdf を参照）。しかし、2020年2月時点でなお、築40年超のマンションが約81万戸存在し、20年後には約367万戸となる見込みが示されており、問題の解消は程遠い状況にある。また、老朽化対策についての具体的な検討も積極的に進められているとは言い難い（上記図表参照）。

老朽化マンション対策は確かに急務である。ただし、円滑な改修・建替えのためには、資金の確保のほかに、しこりが残らないような合意形成が不可欠である。管理組合を中心とした自治的な決定が重要となるが、合意形成の推進過程で、住民全体の意思をどう反映させるか、適切な情報提供をどう行うか等、検討されねばならない課題も残されている。マンション居住者の永住意識が年々高まりを見せている（上記図表参照）中、マンションを穏やかな終の棲家とするには、避けて通れない課題である。

⇒10　**絶対高さ制限**
建築物の形態を規制する方法の1つ。建築基準法55条1項が、第一種・第二種低層住居専用地域内においては、建築物の高さは10mまたは12mのうち都市計画において定められた限度を超えてはならないと定める。また、高度地区内においても、都市計画で高さの最高限度が定められる（同法58条）。

のとなり、所有者に直ちに対処が求められるというのでは、あまりに酷である。そこで、建築基準法3条2項は、現に存する建築物および建築工事中の建物には、新たな規制は適用しないと定めている。これを既存不適格制度という。憲法29条1項の定める財産権の現存保障を実現するために法律がとった措置である。したがって、祖父母が新たに部屋を購入したマンションも、変更時に現に存する建築物であったため新たな高さの基準が適用されることはない。ただし、月日が流れ、このマンションもまた改築されたり、建替えられたりすることになった場合には、基本的に、新たな規制が適用され高さ10mまでの建築しか許されないことになる。

3　家が高速道路のルートに！

展開例2　Aさん一家は一軒家を所有し、暮らしを営んでいる。このたび、新たに高速道路が作られることになり、家がそのルート上にあることが判明した。

⑴　**補償してもらえるか**　　家が建っている位置に、例えば、高速道路や鉄道、ダム、学校等を作ることが、本当に公共の利益になるならば、その土地を収用することが必要になる。その場合、立退きを受け入れなければならないが、憲法29条3項は、**正当な補償**をすることを収用の条件としている。その位置に道路を作ることで利便性が向上するからといって、土地を収用される人にのみ負担を負わせるのは、公平でない。そのため、国民から広く集めた税金から補償金を支払うことで、社会全体でその負担を分け合う仕組みになっている。これにより、土地そのものは取り上げられても、その財産的な価値は保障される。この仕組みを動かすために、土地収用法が作られ、**土地収用と損失補償についての一般的なルール**が定められている[11]。もっとも、仮に収用の要件や補償額を定める法律がなくとも、憲法29条3項を直接の根拠として補償を請求できる（最大判昭和43年11月27日）。

⇒11　**土地収用制度**
公共の利益となる事業に必要な土地を、権利者の意思にかかわらず、土地収用法の定める手続を経て国や地方公共団体等に強制的に取得させる制度。土地収用法には、事業が公益性を有することを認定する手続（事業認定手続）と補償金の額等を決定する手続（収用裁決手続）とが定められている。

展開例2のような公共事業に伴う土地収用の場合は、元来、憲法29条3項が適用され補償が必要とされる典型例であった。しかし、こうした公用収用の場合にのみ補償が必要というのでは狭すぎると考えられるようになり、2項に従って法律が財産権を形成するのと同時に、現在有している財産権が制限される際にも、権利者に**特別な犠牲**が課されている場合には、3項により正当な補償が必要とされている。そして、特別な犠牲と言えるかは、次の2つの基準を総合的に考慮して判断される。制限が広く一般に及ぶものか、それとも特定の個人ないし集団にのみ及ぶものかという形式的基準、そして、制限が財産権に内在する社会的制約として受忍すべき限度内か、それとも財産権の本質的内容を侵すほどのものかという実質的基準である。

この判断基準は現在も通用しているものではあるが、大まかな方向性を示すにとどまり、単純にこの基準に事案を当てはめれば答えが出るわけではない。財産権に制限が課される状況は多様であるため、事案ごとに何が補償の要否の決め手となるのかを細かく見ていく必要がある。例えば、重要文化財の現状変更に必要な許可が、文化財保存という**積極目的**[12]のためになされず損失が生じる場合、持ち主に特別に課される文化的側面からの制限であり財産権に内在する制約とは言えないため、補償が必要とされている（文化財保護法43条）。これに対して、土地利用規制がなされる場合、都市の秩序立った

⇒12　**積極目的規制／消極目的規制**
規制の目的に着目した分類。詳細は⇒52頁―54頁❽2⑵～3。

開発という積極目的と解したとしても、土地は合理的・計画的な利用をする必要性を元々内在していることから補償は不要とされることが多い。また、安全の確保や秩序維持という消極目的の規制が一般的になされる場合にも、やむを得ず当然受忍されるべきものとして通常、補償は不要とされる。例えば、ため池の堤とう（土手）での作物栽培の禁止は、災害防止のためにやむを得ないものとして補償は不要とされた（最大判昭和38年6月26日）。また、口蹄疫や鳥インフルエンザ等の発生時に家畜を予防的に殺処分した場合、疾病のまん延防止のためのやむを得ないものとして憲法上補償は不要と解されている。ただし、農家の支援と速やかな通報の促進という政策判断により、実際には手当金が支給されている（家畜伝染病予防法58条）。

(2) **どの程度、補償すればよいのか**　では、憲法上補償が必要とされた場合、「正当な補償」の要件を満たすためには、どの程度補償がされねばならないのか。ここでは、客観的な市場価格の全額補償が必要なのかが問題となる。農地改革の際の極めて低額な農地買収価格が争われた訴訟において、最高裁は、合理的に算出された相当な額の補償で良いとする一般論を述べ、市場価格を大幅に下回る農地買収価格を是認した（最大判昭和28年12月23日）。この背景には、財産法秩序の基盤を徹底的に作り変える農地改革という超憲法的措置に関して示されたという特殊な事情があった。けれどもその後、通常の土地収用の際の補償の算定基準が問題となった判決で、最高裁は市場価格との完全な一致は必要ないとの立場を再び示した（最判平成14年6月11日）。ただし、この一般論の提示は、補償金額が市場価格と大幅にかけ離れても良いと認めたものではない。最高裁は、土地収用法という法律は完全な補償（収用の前後を通じて被収用者の財産価値が等しくなるような補償）を要求しているということも併せて述べ（最判昭和48年10月18日を踏襲）、算定の仕方に十分な合理性があるかにも気を配っている。補償は、社会のために特別に犠牲を負う人に対する公平性を確保するという意味を有しているところからすると、十分に損失が補填されなくて良い理由は通常はないはずである。自分が気に入って住んでいる土地が公共事業のためにやむなく収用されるという事態を想像してみれば、なおさらそう思えるのではないだろうか。

被災者の生活再建支援

2011年3月11日東日本大震災が発生した。言語に絶する大変な災害であり、地震や津波により家を失った人も多い。財産権というものが憲法上保障されているということを聞くと、こうした自然災害によって失われた財産に対しても、国が責任をもって補填し再建を支援すべきだと思われるかもしれない。しかしながら、災害で失われた個人の財産を国が補填することはできないとの原則が今日まで貫かれてきた。私有財産制の下では、個人の財産は個人の責任の下に維持するのが原則だというのである。しかし、公金による補填の禁止が私有財産制からいかにして導かれるのかは、必ずしも理論的に明快にされていないように思われる。また、国による補填が完全に禁止されるわけでもないであろう。例えば、地域全体の財産秩序の基盤を立て直すために公的に意義があると認められる場合には補填が許されるというような提案もある。

現在は被災者生活再建支援法により、あくまで「支援金」という形はとらず、「見舞金」を支給するという制度がとられている。この金額が1人ひとりにとって必要十分なものであるとは思わない。けれども、より適切な補填の要請は憲法の財産権保障からは出てこない。被災者の生活再建、そしてその先の復興を見据えたとき、真に必要となるのは、個々人の実情に応じたきめ細やかな措置である。同時に、支給対象者の線引き、雇用の確保、コミュニティの維持といった課題への目配りも求められる。被災者にどのような支援を行っていくかは、憲法を持ち出すことにより片が付くものではなく、多様な視点から国会審議や地域住民による議論を通じて決めていかねばならないことである。

ビラを投函すると捕まるのですか？

▶移動の自由・奴隷的拘束からの自由 法定手続の保障・裁判を受ける権利

設例　Aさんは、反戦・反基地運動を行う団体のメンバーである。Aさんは、20＊＊年1月17日、戦争反対を訴えるビラを、自衛官の宿舎のポストに投函した。警察は、2月27日、住居侵入（刑法130条）の容疑で、Aさんの自宅や団体事務所などを捜索し、パソコンなどを押収し、Aさんを逮捕した。Aさんは黙秘を続けたが、3月19日に起訴され、5月11日に保釈されるまで75日間、Aさんは勾留された。その間、弁護士以外の者との接見は禁止された。

1　カラダの自由は何より大事！

(1)　カラダの自由は他の人権の前提　　表現の自由をはじめとする精神的自由権は、人権のうちでも特に重要だ、といわれることがある。これらのココロの自由がなければ、人らしく生きてはいけない。それはそのとおりだ。しかし、そもそも生きていくためには、カラダの自由が前提である。

このカラダの自由の保障が確立するまでに、人類は長い歴史を必要とした。例えば日本の戦国時代には、戦争のたびに、兵士が人狩りをする「乱取り」が行われた。領主も、他の領民を略奪して奴隷にするか売り払うことを目的に、戦争したといわれている。幕藩体制が安定すると、このような「乱取り」は見られなくなったが、今度は移動の自由が厳しく制限されることになった。また、飢饉に見舞われた農村で、人買いを通じて、年頃の娘が女郎屋に売られるといった痛ましい話は、歴史ドラマ等でおなじみの光景である。

世界的にも、近代主権国家が領域内の暴力を独占し、人身売買や誘拐などを厳しく処罰するようになってはじめて、カラダの自由はひとまず確保されることになった。そうすると次には、国家権力に対してカラダの自由を保障することが課題になる。大日本帝国憲法の下でも、特別高等警察（特高）による拷問をはじめ、国家権力による人権蹂躙が行われた。日本国憲法が、人身の自由の保障のために詳細な規定を置いているのは、このためである。

(2)　奴隷的拘束と意に反する苦役　　例えば、憲法18条は、「何人も、いかなる奴隷的拘束も受けない。又、犯罪に因る処罰の場合を除いては、その意に反する苦役に服させられない。」と定めている。

人身売買は奴隷的拘束に当たり、強制労働は意に反する苦役であって、許されない。[➡1]

(3)　居住・移転の自由　　次に、憲法はカラダの移動の自由を保障している。それが、居住・移転の自由を保障する22条1項と、「何人も、外国に移住し、又は国籍を離脱する自由を侵されない。」と定める同条2項である。個人には、国内外を問わず、どこに住み、移動するかしないかを、自由に決

➡1　**徴兵制**
政府も、徴兵制は軍隊の保持を禁止する憲法9条に反するが、意に反する苦役であるから憲法18条にも反する、という見解を示している。

める権利が保障されているのである。[→2]

ところで、憲法22条は、居住・移転の自由と職業選択の自由（⇒❽）を一緒に保障している。これは、領主によって農民が土地に縛り付けられていた中世農村社会から人々を解放し、自由な移動を認めることが、資本主義経済発展の基礎になった、という経緯による。いわばオカネの自由の文脈でカラダの自由が捉えられているわけだが、カラダの移動の自由は、他人と触れあい、意見や情報を交換するといったココロの自由とも密接に関わっている。[→3]

2　私を正しく扱ってください

(1)　なぜ適正手続を保障しなければならないの？　日本国憲法は、「第3章　国民の権利及び義務」で人権を保障している。その条文は40条あるが、そのうち31条と33条から40条までが、刑事手続を保障する規定だ。その冒頭の31条は、次のように定めている。

何人も、法律の定める手続によらなければ、その生命若しくは自由を奪はれ、又はその他の刑罰を科せられない。

この規定は、アメリカ合衆国憲法の影響を受けたもので、法律の定める手続によりさえすれば、いかようにも処罰してよい、というのではなく、**法の適正な手続**（due process of law）を保障しており、刑事手続が適正なものでなければならない、ということを意味している。

なぜ、刑事手続が適正なものでなければならないのだろうか。適正な手続を踏もうとして、悪いことをした犯人を取り逃がしてしまうのではないか。容疑者は犯人に決まっているのだから、適正な手続を保障する必要はないの

→2　海外旅行の自由
出国するためには、政府から発給されるパスポート（旅券）が必要である。旅券法は、日本国の利益または公安を害する行為を行うおそれがあると認められる場合には、政府はパスポートの発給を拒否することができるとしており、帆足計事件の最高裁もその合憲性を認めている（最大判昭和33年9月10日）。しかし、恣意的に運用されると、海外旅行の自由を侵害するおそれがある。海外のテロ組織に参加するおそれがあるという理由で、パスポートの返却を求めることにも、同様の問題をはらんでいる。

→3　熊本ハンセン病訴訟
かつて国はハンセン病患者を強制的に療養所へ入所させる政策をとっていた。熊本地判平成13年5月11日は、この隔離政策は、伝染病予防の必要を超えた過度な人権制限で、違憲と判断した。
なお、最高裁は、重大な加害行為を行ったが心神喪失等の理由で無罪となった者等について、裁判所が治療のため入院させるという医療観察法の仕組みを、憲法22条に反しないとしている（最判平成29年12月18日）。

刑事手続以外の手続は、適正でなくてもいいの？

憲法31条は、人権を侵害するおそれが最も高い刑事手続に対して、適正手続を要求している。それ以外の、たとえば申請によって営業の許可や生活保護の決定を受けたり、営業停止処分を受けたりする際の手続（行政手続という）についてはどうだろうか。参考になるのが、成田新法事件（最大判平成4年7月1日）である。

この事件は、成田国際空港の建設・開港に対して、激しい反対運動があったことを背景にしている。運輸大臣（現在の国土交通大臣）が、空港の施設や乗客の生命を守るため、法律に基づき、告知聴聞の機会を与えず、反対派住民の立て籠もる建物（横堀要塞）に対して使用禁止を命じたことが、憲法31条に反するかどうかが争われた。

（提供　時事通信社）

成田闘争・第2要さい撤去
第2要さいから放つパチンコをよけながら装甲車を盾に柵を壊す機動隊　（千葉・芝山町）

最高裁は、適正手続の保障は行政手続にも及ぶ場合があるが、刑事手続と同等の厳格な保障とは限らない、と述べた。行政手続といっても様々なものがあるから、例えば事前に告知等の機会を与えるかどうかは、総合的な比較衡量によって判断すべきだ、というのである。そしてこの事件では、空港施設等を守ることには緊急の必要性があるから、事前に告知等の機会を与えないことは、憲法31条に違反しない、と最高裁は結論づけた。

この判決も踏まえて、1993年に制定された行政手続法は、行政機関に対して、あらかじめ申請に対する処理基準を定めて公表すること、申請に対して理由を付けて応答すること、不利益処分については原則として聴聞の機会を与えること、行政指導に逆らうことを理由に不利益な取扱いをしてはならないこと等を定めている。こうして、適正手続の理念が、行政手続において実現されることになった。

➡4　**明確性の理論・過度に広汎性の理論**
何を犯罪としているのかわからない規定（不明確性）、本来自由であるべき行為をも広く犯罪とする規定（過度広汎性）は、憲法31条に違反し無効である（47頁❼コラム2）。徳島市公安条例事件（最大判昭和50年9月10日）をはじめ、判例もこの理論を認めている。

➡5　**刑事事件の処理**
犯罪のすべてが刑事手続で裁かれ、刑を執行されるわけではない。犯罪が軽微な場合には、警察官のお説教や被害者への謝罪、賠償などで済ませてしまう微罪処分や、検察官による不起訴処分などで処理される。起訴される場合でも、軽微な交通事故などは、簡易裁判所の略式手続で処理される。

刑事手続の流れと人権

事件の発生 ↓ 逮捕 ↓ 起訴	被疑者	令状なく住居に侵入されたり、捜索・押収を受けたりしない権利（35条） 不法な逮捕からの自由（33条） 弁護人依頼権（34条）
↓ 公判 ↓ 判決 ↓	被告人	公平な裁判所の迅速な公開裁判を受ける権利（37条1項） 証人審問・喚問権（37条2項） 弁護人依頼権（37条3項） 自己負罪拒否特権（38条1項） 自白法則（38条2項・3項） 事後法と二重の危険の禁止（39条）
刑の執行	受刑者 死刑確定者	残虐な刑罰の禁止

➡6　**少年事件**
刑事責任を負うのは14歳以上であるが、少年法は、罪を犯した少年（未成年者）を原則として刑事処分に付さず、家庭裁判所による保護処分の対象とする。例外的に、刑事処分が相当だと家庭裁判所が判断した場合には、検察官に事件を送付し（逆送）、刑事手続に載ることになる。

ではないか……。こうした疑問があるだろう。

こうした疑問に対する答えは、いくつかある。第1の答えは、誰が犯人か、どのような犯罪がなされたかを正しく判断するためには、しっかりした手続が必要だというものである。芥川龍之介の小説「藪の中」に描かれているような、事件に直接関わった人々の証言が食い違うような場合に、捜査関係者の「直感」に頼ることは、かえって真犯人を取り逃がす危険もある。真相解決のために、合理的な手続をあらかじめ決める必要がある。

第2の答えは、捜査は強力な国家権力の行使である、ということに関係する。先ほど挙げた特別高等警察の拷問のように、密室で国民の人権が侵害されたり、無辜の国民に濡れ衣を着せる**えん罪**が起きたりすることを防ぐためには、適正な手続が必要である。

この2つの答えは、真犯人でない（真犯人かどうかわからないから）から、または捜査権力の濫用のおそれがあるから、適正な手続を保障する必要があるというものだが、みなさんにも納得できただろうか。まだモヤモヤが残るとすれば、本当に真犯人だという人にもなお適正手続を保障する必要があるのか、という疑問を抱くからだろう。第3の答えは、まさにこの点に関わる。真犯人かどうかという「実体」や、濫用を防ぐという「帰結」とは別に、「手続」それ自体に価値がある、というのがその答えである。人権は個人の尊重に由来するが、それは、個人として手続的にも適正に扱われることを求める。真犯人であっても、適正な手続での裁きを受ける権利があるのである。

⑵　**どのような手続であれば適正なの？**　　憲法31条は、まず、処罰手続が法律で定められているだけでなく、その内容が適正なものでなければならないことを要求している。そのポイントは、公平な第三者である裁判官のチェックを経ること（**令状主義**）、そして、当事者に告知・聴聞の機会を保障することだ。この刑事手続を定める法律は、刑事訴訟法である。

次に、「犯罪なくして刑罰なし」といわれるが、どのような行為が犯罪に当たるかを法律（地方公共団体の場合は、条例）で定めなければならない（**罪刑法定主義**）。処罰の対象となる行為の範囲はまさに国民の代表者が定めるのにふさわしいし、それを法律で定めておけば、裁判官による恣意的な処罰を防ぐこともできる。人々から見れば、何をしたら処罰されるか、逆に何をしても処罰されないか、予測が可能になり、行動の自由を保障することにもなる。[➡4] こうした犯罪と刑罰に定める法律の代表は、刑法である。

さらに、国会が法律で犯罪と刑罰を定めるに当たっては、それは適正なものでなければならない。処罰する必要もない行為を犯罪として定めるとか、犯した罪に不釣り合いに重い刑を定めることも、憲法31条に違反する。

3　被疑者・被告人の権利はどう守られるの？

⑴　**刑事手続の流れ**　　刑事手続は、事件の発生──►逮捕──►起訴──►公判──►判決──►刑の執行という段階を踏んで進行する。[➡5➡6] そこで憲法は、「裁判なくして刑罰なし」ということわざのとおり、裁判で有罪が確定するまでは無罪の推定が働くことを前提に、被疑者（起訴されるまで）・被告人（起訴された後）に対して手続的権利を保障し、さらに受刑者等（公判で有罪が確定した者）についても一定の保障を定めている。[➡7]

⑵　**被疑者の権利**　　憲法が被疑者段階で保障する権利は、3つある。

①不法な逮捕からの自由　**警察・検察**[8]は、捜査のために、被疑者に出頭を求めて取り調べを行う。被疑者が出頭しない場合は、証拠隠滅のおそれなどがあるとして、逮捕されることが多い。

憲法33条は、何人も、**現行犯逮捕**[9]を除き、裁判官が発した令状によらなければ、逮捕されないと定めている。これは、捜査機関の恣意的な逮捕を防ぐためである[10]。

②弁護人依頼権　身柄が拘束された被疑者は、家族や友人から孤立し、厳しい取り調べを受けている。そこで憲法34条は、身柄拘束中の被疑者に対して、弁護人を依頼する権利を保障している。

さらに刑事訴訟法は、身柄拘束中の被疑者等が、弁護士と、立会人なくして接見する権利（**接見交通権**）を認めている。特に逮捕直後で、しかも貧しくて弁護人を自力で付けられない被疑者のために、各地の弁護士会は、初回の接見を無料で行うしくみ（当番弁護士制度）を設けている。

なお、被告人の段階になると、通常は弁護士以外の者との接見が認められる。被告人が逃亡または証拠隠滅のおそれがある場合には、検察官の求め等により裁判所が接見禁止を決定できる。設例の**立川テント村事件**[11]は、逃亡または証拠隠滅のおそれもないのに、異例の長期間、接見が禁止されたとして、問題になった事例である。

③令状なく住居に侵入されたり、捜索・押収を受けたりしない権利　憲法35条は、住居、書類及び所持品について、侵入、捜索及び押収を受けることのない権利を保障する。この権利は、現行犯逮捕を除けば、裁判官の令状がなければ、侵されない[12]。

(3)　**被告人の権利**　被疑者が起訴され被告人となると、公判において検察官と有罪無罪や量刑をめぐって対等な立場で争うことになる。刑事裁判では**「疑わしきは被告人の利益に」**の原則が働き、検察官の側が犯罪事実を「合理的な疑いを生ずる余地のない程度」に立証できてはじめて有罪になる。憲法には、被告人の権利に関する6つの保障が置かれている。

①公平な裁判所の迅速な公開裁判を受ける権利　憲法は、一般に裁判を受ける権利（32条）、裁判の公開（82条）を保障しているが、特に刑事裁判についてそのことを確認している（37条1項）[13]。

➡7　被害者の人権
「犯罪者の権利」ばかり手厚く保障されているのはおかしい、被害者や遺族の権利がないがしろにされている、という世論が高まり、2004年には犯罪被害者等基本法が制定され、2008年には、被害者等が、刑事裁判に参加して質問や意見を述べたり、被告人に対する損害賠償請求に有罪判決を利用できたりするようになった。

➡8　警察と検察
警察の任務は、犯罪の捜査や予防である。これに対して検察は、公訴を提起し刑事裁判を維持することを任務とする。

➡9　緊急逮捕
一定の犯罪について、緊急やむを得ない場合に、逮捕直後に令状が発せられることを条件に、被疑者の逮捕を認める制度。憲法33条の文理解釈からは違憲となりそうだが、判例は合憲としている。

➡10　逮捕後の手続
逮捕された後の被疑者は、司法警察員に引き渡され、48時間まで留置され、釈放されない場合には検察官に引き渡される（送検）。検察官は24時間まで留置した上で、必要がある場合には裁判官に被疑者の勾留を請求する。裁判官が勾留の理由と必要性があると考える場合には、10日間の勾留を認める。要するに、逮捕から13日間は身柄を拘束されることがある。さらに勾留延長の必要がある場合は10日間の延長が認められるので、最大で23日間拘束されることになる。この間に検察官は起訴・不起訴を決める。

国務請求権とは？

国務請求権は、国家に作為を要求する点で、社会権と共通の性質をもつ。しかし、社会国家思想を背景に登場した、比較的新しい社会権に対して、国務請求権は早くから憲法上の権利として認められた。

①請願権（16条）は、イギリスの「権利請願（Petition of Right）」（1628年）のように、デモクラシー以前、為政者に対して国民が自己の権利の確保を求めたり政治的意思を伝えたりするための手段であった。

②裁判を受ける権利（32条）は、国民の権利・利益を確保する上で不可欠の権利である。刑事裁判を受ける権利は憲法37条1項により保障されているので、憲法32条は民事裁判と行政裁判を受ける権利を対象としている。訴訟事件（権利義務の存否が争われている事件）の裁判は公開され、両当事者がそれぞれの主張を述べる手続（対審）で行われ、裁判所は理由を付した判決を下すことになる。

③国家賠償請求権（17条）は、国家権力により侵害された人権を救済するための権利である。明治憲法下では、国家権力が国民に損害を与えても損害賠償責任を負わないという考え（国家無答責の原則）がとられていたが、日本国憲法は、公務員の不法行為による損害に対して賠償を求めることができることを定めている。郵便法事件の最高裁判決は、国の賠償責任を免除・制限する郵便法の規定は、合理性がなく、違憲であると判断した（最大判平成14年9月11日）。

④刑事補償請求権（40条）は、無罪の判決が下るまでになされた身体の自由の制限について、被告人の損害を補償するものである。

②証人審問権・喚問権　被告人が、審問（反対尋問）の機会を与えられていない証人の証言によって、被告人が処罰されるのは不利であるため、刑事訴訟法は伝聞証拠を証拠として扱うための条件を定めている。また、被告人は、公判に必要な証人を公費で呼ぶ（喚問する）ことができる（37条2項）。

③弁護人依頼権　被疑者にも弁護人依頼権が認められていたが、被告人については、自ら依頼できない場合であっても、国が弁護人を付けるべきことを定めている（37条3項）。

④自己負罪拒否特権　憲法38条1項は、「何人も、自己に不利益な供述を強要されない。」としている。これを受けて刑事訴訟法は、より広く黙秘権を、被疑者・被告人に保障している。

⑤自白　自白は「証拠の王」といわれるとおり、事実認定で重んじられている。このため、捜査の過程では自白を得ようと拷問や強制がなされることが多い。そこで憲法38条2項は、強制、拷問等による自白は証拠にできないことを、3項は自己に不利益な唯一の証拠が本人の自白である場合には、有罪とされないことを定めている。

⑥事後法と二重の危険の禁止　憲法39条はまず、行為の時点では適法だった行為を、あとから法律を定めて遡及的に処罰すること（事後法処罰）を禁止する。さらに、ある行為が1度起訴され、無罪または有罪とされた後に、もう1度起訴されること（二重の危険）がないことも保障されている。

⑷　**受刑者等の権利**　刑事裁判で懲役刑・禁錮刑が確定すると、受刑者は刑事施設に収容され、定められた期間、身体の自由を制限されることになる。死刑確定者も、死刑が執行されるまで、刑事施設に収容される（⇒18頁❷4参照）。

ところで、憲法36条は、公務員による拷問及び残虐な刑罰を禁じている。死刑は残虐な刑罰に当たらないのだろうか。最高裁は、「一人の生命は、全地球よりも重い。」と述べつつも、死刑の威嚇力を重視し、死刑制度の存続の必要性を認めている（最大判昭和23年3月12日）。死刑は非人道的な刑罰であるという理由から、**死刑廃止論**[14]も有力である。

4　裁判員制度は人権保障に役立つの？

⑴　**国民が司法に参加するのは当然ではないの？**　主権者である国民は、国会議員の選挙を通じて、立法・行政をコントロールする。それでは、司法権はどうだろうか。憲法76条3項は、司法権の独立を保障している。これは、事実認定や法解釈といった専門的な能力が必要であり、公平性も求められることから、職業裁判官が、国会や内閣から影響されずに、独立して職権を行使すべきこととしたものである。そして、人権が少数者のためのものであることからすると、「人権の番人」である裁判所に、普通の国民が参加するのは、かえって人権保障のためにならないようにも思える。

しかし、裁判官も公務員であり、司法権も国家権力であることには注意が必要だ。また、裁判所が国民から余りにも隔絶していると、裁判に国民の理解が得られないことにもなる。実際、多くの国では、国民の司法参加が認められてきたが、それには**陪審制**と**参審制**[15]の2つのパターンがある。

⑵　**司法制度改革と裁判員制度の導入**　これまでの刑事裁判の運用は、「精密司法」と呼ばれた。警察・検察が捜査を徹底的に行い、「クロ」という

➡11　立川テント村事件
最高裁は、ポスティングのために立ち入った行為を刑法130条により処罰することは、表現の自由を侵害せず合憲であると判断した。不当に長期間、接見が禁止された等、捜査によって人権が侵害されたという被告人の主張は、取り上げなかった（最判平成20年4月11日）。

➡12　違法収集証拠の排除
捜査の過程で、令状主義の精神を没却するような重大な違法があった場合には、その証拠物は公判で証拠にできない。

➡13　迅速な裁判
余りにも遅れた裁判は裁判を拒否したことに等しい。そこで高田事件の最高裁は、著しく遅延した刑事裁判の審理を打ち切る（免訴）ことで、被告人を救済した（最大判昭和47年12月20日）。

➡14　死刑廃止論
国の実施した世論調査（2020年）では死刑廃止支持が9.0%、死刑存置支持が80.8%と、国民の圧倒的多数は死刑制度を支持している。しかし2019年現在、世界で死刑を存置する国は56か国にとどまり、死刑を廃止した国は142か国にのぼっている（通常犯罪に限って廃止する国、事実上廃止している国も含む）。日本は、こうした死刑廃止の国際的潮流から、しばしば批判を受けている。

➡15　陪審制と参審制
イギリス・アメリカで取られてきた陪審制は、一般国民から事件ごとに選ばれた陪審員が事実認定を行い有罪・無罪の結論を下し、裁判官は法令の解釈や量刑について判断する。日本でも1928年から1943年まで陪審制が実施されたが、その運用は低調であった。ヨーロッパ大陸の国々で採られてきた参審制は、裁判官と一般国民から選ばれた参審員が、一緒に事実認定、法律問題、量刑を判断するしくみである。

絶対的自信を持った事件を起訴し、裁判所も検察の提出した証拠をそのまま認める傾向が強く、有罪率は実に99.9パーセントだったからである。このため、本当は無罪の者を裁判所が見過ごしているのではないか、もっと公判を充実させるべきではないか、と批判されてきた。

しかし、2009年から実施されている裁判員制度は、これまでの刑事裁判が良くなかったから改めるという理由ではなく、司法の国民的基盤を強固なものにするために、国民の健全な社会常識を裁判に反映し、国民が司法をよりよく理解するための制度として、導入されたものである。

(3) **裁判員制度は憲法違反ではないの？**　裁判員制度では、有権者から選ばれた裁判員6名が、職業裁判官3名とともに裁判所を構成し、一緒に有罪決定と量刑を行う。この裁判員制度の対象は、殺人事件などの、社会的関心の強い重大事件に限られる。事実認定、法令の適用、量刑は、多数決で行うが、必ず職業裁判官の1人が参加していないといけない。

裁判員制度の導入によって、刑事裁判のあり方は、大きく変わった。これまでの刑事裁判は国民一般には閉ざされていたが、素人である国民が裁判に関与できるように、裁判の期間は短縮され、より分かりやすくなった。[16]

16 公判前整理手続
公判の前に、裁判官、検察官、弁護士があらかじめ争点と証拠を絞り込む手続。この手続により、おおむね3～5日間の連日開廷による集中審理が可能になった。

このような裁判員制度に対しては、違憲論も根強く主張された。けれども、最高裁は、裁判員裁判も公正な裁判になるように整備されているのだから、被告人の裁判を受ける権利（37条1項）を侵害することにならない、職業裁判官が裁判員の意見に拘束されることがあっても、司法権の独立（76条3項）を侵害しない、とした。また、一般の国民が裁判員の職務を義務づけられることは、意に反する苦役（18条）に当たらないとして、裁判員制度を合憲と判断している（最大判平成23年11月16日）。

裁判員制度が、より良い刑事裁判を実現し、また捜査段階での人権侵害が起きないように運用されるよう、裁判員にならなかった国民も関心を持ち続ける必要がある。

コラム3　刑事司法制度の改革

裁判員裁判用法廷（釧路地方裁判所）
（出典：最高裁HP）

捜査の過程では、密室で被疑者などが取り調べられるため、人権侵害や、自白の強要によるえん罪が、まだ無くならない。日弁連などが、取り調べの可視化を強く求めてきた結果、2019年からは、裁判員裁判の対象となる事件などで取り調べの全過程の録音・録画を義務づける法律が施行されている。

他方、犯罪手法の多様化やグローバル化もあり、捜査機関は、これまでよりも進んだ捜査手法の導入を求めている。たとえば1999年に制定された通信傍受法は、薬物犯罪などの特別な組織犯罪に限って、裁判官の令状による電話等の傍受を認めたものである。この法律は通信の秘密（21条2項）を侵害する「盗聴法」だという批判も強かったが、2016年の法改正により、通信傍受できる犯罪の対象が拡大されるとともに、通信傍受の手続が簡素化された。

そもそも、インターネット社会において、プライバシーや表現の自由を確保するために、通信の秘密はますます重要になってきている。アメリカの捜査機関が、PRISMというプログラムによって、日本を含む世界中の膨大な数のメールなどを監視していた事件は、大きな衝撃を与えた。日本の最高裁も、GPS端末を容疑者の車両に装着して位置情報を取得する捜査手法（GPS捜査）について、憲法35条の下で原則として令状が必要であると判断した（最大判平成29年3月15日⇒24頁❸5）。人権と捜査・治安の必要とをどうバランスさせるか、真剣な議論が続いている。

選挙に行く意味はどこにあるのですか？

▶選挙権

設例　若者の政治参加に関心のあるAくんは18歳の大学1年生である。少子高齢化の進む日本においては、選挙に参加する資格を持つ人（＝有権者）全体における高齢者の割合が大きく、若者はマイノリティ化している。年金問題など現実に社会保障のコストを負担する将来世代と高齢者との間の利害対立も生じる中、Aくんは将来世代の意見を政治に反映させたいと考えている。どのような手段がありうるだろうか。

憲法第15条第1項　公務員を選定し、及びこれを罷免することは、国民固有の権利である。
第2項　すべて公務員は、全体の奉仕者であって、一部の奉仕者ではない。
第3項　公務員の選挙については、成年者による普通選挙を保障する。
第4項　すべて選挙における投票の秘密は、これを侵してはならない。選挙人は、その選択に関し公的にも私的にも責任を問はれない。

1　選挙に参加するにはどんな資格がいるのですか？

⑴　**政治に参加する権利**　　国の政治に自らの意見を反映させるにはどのような手段があるのだろうか。憲法は、国民が主権者として直接にまたは代表者を通じて国政に参加する権利、参政権を保障している。狭い意味での参政権には、国会議員など国民の代表者を選ぶ権利である選挙権、議員に立候補する権利である**被選挙権**[1]、憲法改正など特定の事柄について国民自ら意思表示する権利である国民投票権などがある。これに加えて、広い意味での参政権として、国政に意見を述べる権利である請願権や**公務就任権**[2]がある。民主主義を人類普遍の原理とし、国民主権原理をとる日本国憲法において、参政権は国民の基本的権利であるとともに民主政治を実現する上で不可欠の前提である。

参政権の中でも最も重要なのは国民が自らの代表者を選ぶ選挙権である。憲法15条1項は「公務員を選定し、及びこれを罷免することは、国民固有の権利である」として、公務員の終局的任免権が国民にあることを定めている。

⑵　**選挙権の法的性質**　　選挙権は国民の代表者を選ぶ重要な権利であるが、他の人権と同じように考えてよいのだろうか。選挙権の性質をどのように考えるかについては2つの見解が対立している。第1の見解は、選挙権は他の人権と同じ純粋な権利であると考える（権利説）。選挙権は政治的意思決定能力を持つ人々が国家権力の行使に参加する権利であり、それ以外の何物でもないというのである。これに対して、第2の見解は、選挙権は国家の意思決定に関わる権利なので、単なる権利につきない公務としての側面をもつ

➾1　**被選挙権**
かつて被選挙権は選挙人団に選ばれる能力ないし資格であるとも考えられていたが、現在では権利としての性格が積極的に評価されている。立候補の最低年齢は衆議院について25歳、参議院について30歳である。選挙に立候補するにあたっては高額の供託金を用意しなければならず、一定の票を獲得しなければ返還されずに没収されるため、被選挙権に対する不当な制約ではないかとの議論もある。

➾2　**公務就任権**
公務員になる権利である公務就任権も、国家活動に公務員として関わるという点で参政権的要素を持つといえる。しかしながら、公務員という特定の職業に就くという職業選択の自由としての側面の方が強い（⇒❽）。

と考える。選挙を通じて国会議員などの公務員を選定することで国民は自らの義務を果たしているというのである（権利・公務二元説）。

こうした選挙権の性質をめぐる争いは、投票に行かないこと、すなわち選挙の棄権が可能かという問題にあらわれる。権利説からは棄権は単なる権利の不行使として当然に許されるが、権利・公務二元説からは義務の不履行であり、許されないとする余地がある。とはいえ、権利・公務二元説も選挙の自由を保障するという趣旨から棄権を許すので、結論において両者に違いはない。ブラジルなど一部の国では選挙は国民の義務であるとされており、棄権すると罰金をとられる場合があるが、日本ではこのような罰則を設けることは許されないといえよう。

2 投票できない人がいるのですか？

選挙権はだれに保障されるのだろうか。日本国憲法は国民主権を採用していることから（前文、1条）、国政レベルでの参政権は日本国籍を保有する「国民」にのみ保障される[3]。

日本国民であっても、様々な理由により選挙に参加できない人もいる。政治的意思決定を行うには十分に成熟した判断能力がなくてはならないため、未だ発達途上にある未成年には選挙権が与えられてこなかった。2015年、選挙可能年齢は18歳に引き下げられたが、これは未成年であっても18歳以上であれば政治的決定を行うのに十分な能力があると評価できるからである[4]。

では、認知症、知的障害、精神障害などの理由で判断能力が欠ける人には選挙権を保障しなくてよいのだろうか。近年まで公職選挙法（以下、公選法）は成年被後見人の選挙権を否定してきたが、2013年に東京地方裁判所は成年被後見人から一律に選挙権を剥奪する公選法の規定は違憲であると判断した（東京地判平成25年3月14日）。この判決をうけて成年被後見人は選挙権を有しないと定めていた公選法の規定は削除された。政治的意思決定に必要な能力がある場合には成年被後見人にも選挙権は保障されるべきである。

3 外国人の人権
日本国憲法上の人権は権利の性質上日本国民に限定されているものを除き外国人にも保障される。国民主権をとる日本国憲法において、国民が国政に対して直接ないし間接に参加する権利である参政権は、権利の性質上外国人には保障されないと考えられている（⇒15頁❷2）。

4 憲法改正国民投票法
国政選挙の選挙年齢が18歳に引き下げられる以前より、憲法改正に伴う国民投票について定めた「日本国憲法の改正手続に関する法律」は投票資格を18歳以上としていた。

外国人参政権

公選法は選挙権・被選挙権を日本国民に限っている。しかしながら、憲法上、国民主権の「国民」が当然に国籍保持者に限られるわけではなく、長期滞在者など生活の実体からみて日本国民と変わらないような外国人は「国民」に含むとの考え方もありうる。参政権を保障する趣旨が、日本国の国家権力に服し、納税によって公共サービスのコストを負担する被支配者の意見を国家の政策決定に反映させるというものであるならば、日本人と同様の生活実態を持つ定住外国人には参政権を認めるという結論を導くこともできそうである。

国政レベルでの参政権について最高裁は、憲法15条1項の選挙権はその性質上外国人には保障されず、日本国民にのみ保障されるとしている。選挙権は国家を前提とする権利であり、日本国憲法が伝統的な国民主権を維持している以上、国政レベルでの外国人参政権は否定される。

しかしながら、国政レベルでの選挙権を否定しつつも最高裁は、地方レベルでの外国人参政権を法律によって導入することは憲法上許容されると述べた。国政レベルでは外交・国防・通貨制度など主権の核心に関わる政治的決定がなされるのに対して、地方政治においては住民の日常生活に密接に関連した事項が決定される。また、憲法の地方自治に関する規定は地方公共団体の事務を「住民」が自ら決めるという住民自治を定めている。こうした事情に鑑みると、国民主権原理が厳格に守られるべき国政レベルと住民自治が基本となる地方レベルを分けて、定住外国人など一定の要件を満たした外国人に対して地方参政権を認めることは憲法上禁止されておらず、住民自治の観点から望ましいと解する余地もある。現在の公選法および地方自治法は知事・市長・地方議員の選挙権を日本国民に限定しているため、地方議会選挙について外国人参政権を制度化した自治体は存在しない。しかしながら住民投票に外国人を参加させたり、オンブズマンを置いて外国人住民の意見を行政に反映させている自治体もある。

選挙権は重要な権利であるが、選挙の公正も確保される必要がある。そのため、公選法は、選挙違反をするなど自ら選挙の公正を害するような罪を犯した者について、選挙権を制限している[5]。では、選挙の公正を害するような犯罪に限定することなく、およそ犯罪を犯した者の選挙権を制限することは認められるだろうか。公選法は、犯罪を限定することなく、禁固以上の刑に処せられその執行を終わるまでの者の選挙権を否定している（公選法11条）。しかしながら、受刑者であったとしても選挙権を行使する能力と資格がないとは言えない。よって、このような公選法の定めは違憲の疑いが強い。

問題なのは選挙権を行使するだけの能力と資格があるにもかかわらず、事実上選挙権の行使を制限されている人の存在である。例えば、外国に居住する日本人（在外邦人）は、国内の市町村に住所を持たないため選挙権を事実上行使できずにいた[6]。1998年に公選法が改正されたことにより在外選挙制度が創設されるものの、すべての選挙について在外投票が実現したわけではなかった。2005年に最高裁は、衆議院小選挙区および参議院選挙区の選挙で在外邦人が選挙権を行使できずにいる状態について、国民の投票機会が保障されていないため、憲法に反するとした（最大判平成17年9月14日）。この判決をうけた2006年の公選法改正により、現在はすべての国政選挙で在外投票が保障されている。

ホームレスもまた住所を持たないがゆえに選挙人名簿に登録されず、事実上選挙権を行使できずにいる。ホームレスは自身の生活拠点である公園や河川敷を住所として住民登録することはできない。ドイツやアメリカではホームレスにも選挙人名簿に登録する道が開かれているのを参考にしつつ、日本でも早急な立法措置が必要であろう。もっとも、国や自治体が全く対策をしていないわけではない。例えば自立支援センターなどに入所するホームレスは住民登録をすることができるし、最近では一定の要件を満たす場合にはネットカフェを住所として住民登録を認める自治体も出てきている。

こうした問題に加えて、疾病や障害などのために投票所に出向いて自書できない人は選挙権を事実上行使できないという批判もある。公選法は不在者投票や代理投票の制度を設けてはいるものの、要件が厳格なために利用が難しい[7]。選挙権は国民の声を国政に反映させるための重要な権利であるのだから、選挙権の行使を制限するのは、選挙の公正を確保するためやむを得ない場合に限られるべきだろう。

➡5　**選挙犯罪人の選挙権停止**
最高裁は選挙犯罪人の選挙権を停止する公選法の規定について、公職の選挙権は「国民の最も重要な基本的権利」であるとしつつ、「それだけに選挙の公正はあくまでも厳粛に保持されなければならない」と述べ、「選挙の公正を確保」するために選挙犯罪人の選挙権を停止することは合憲であると判断した（最大判昭和30年2月9日）。

➡6　**住民基本台帳**
選挙人名簿への登録は、居住する市町村の住民基本台帳とリンクしている。1998年まで在外邦人は市町村の住民基本台帳に記録されていないため選挙人名簿に登録されず、選挙権を行使しえない状態にあった。

➡7　**在宅投票制度**
1950年の公選法では身体障害により歩行困難な選挙人に在宅投票制度が認められていた。しかし、選挙犯罪に悪用される事例が多く、1952年に廃止される。1974年に重度身障者に限り在宅投票制度は復活したものの、多くの障害者にとっては投票権の行使が十分に保障されていると言える状況にない。

3　インターネットを使って選挙運動をしたい

⑴　選挙運動の自由　　設例のA君は若年層の声を国政に反映させたいと考えていた。Aくんは政治的表現の自由や選挙運動の自由（⇒❼）を行使して、若年層の利益を尊重する議員を国会に送り込むことを検討してもよいのではないか。

選挙によって国民の声を国会に届けるためには、国民の間で自由に政治的な意見交換が行われ、議員候補者についての十分な知識が行き渡ることが重要となる。ただし、一般的な政治的表現の自由と異なり、選挙においては選挙の公正を確保することも大事である。そのため、公選法は政治的表現の自由と選挙運動の自由を区別して、選挙運動には様々な制限を設けている。公選法には戸別訪問の禁止、事前運動の禁止、文書図画規制、選挙における報道・評論の規制など厳しい規制が多数ある。日本の選挙運動にはあまりにも制約が多いため「べからず選挙」と揶揄されることもある。

インターネットが発達し、情報化の進む現代社会において、政治的表現の自由がネット上で行使されることの意義は年々高まっている。こうした情報化の進展をうけて、2013年の公選法改正は、従来は文書図画の頒布にあたるとして禁止されていたインターネット上の選挙運動を解禁した。これにより、候補者・政党にとっては電子メールを使った選挙運動が可能になり、一般有権者であってもウェブサイト等による選挙運動を行えるようになった。Twitter や Facebook 等のユーザー間でやりとりするメッセージ機能はウェブサイト等を利用する方法に含まれる。例えば政治家の発言をリツイートするとき、それが選挙期間中である場合には、「選挙運動」とみなされ、公選法が適用される可能性がある。そのため、SNS を利用する際には注意が必要である。

ネットを利用して多くの情報を発信・受信することは重要な意味を持つ一方、ネット媒体特有の問題である候補者本人のなりすましや、候補者の落選を狙った誹謗中傷、デマやフェイクニュース[➡8]の拡散といった問題もある。ホームページや電子メールで頒布された選挙運動用文書図画については頒布者の氏名やメールアドレス等を表示することが義務付けられているものの、こうした問題に如何に対処してゆくかは今後の課題となっている。

➡8 **フェイクニュース**
事実ではない、虚偽やでたらめな情報のこと、SNS を通じて広く拡散され、社会的な混乱を招いたり、世論を動かす要素となりつつある。フェイクニュースの影響を受けた人々の投票が選挙結果を左右したり、デマの拡散が災害時に社会的な混乱を招くことを防止するため、諸外国ではデマ拡散抑止のための対策がとられている。日本においても、偽情報や偽アカウントの削除、苦情への対応といった対策を IT 企業に求める形で、民間の自主規制を基本とした対策が検討されている。

4 投票価値に違いがあるのですか？

(1) **選挙の原則** Aくんは将来を担う若者が全国民の中でマイノリティ化していることを心配していた。将来世代の意見を優先的に国政に反映させるため、例えば小さな子供を持つ親に複数票を割り当てるような法改正は許されるだろうか。

結論から言えば、将来世代に複数投票を認めることは憲法の定める平等原則に違反して許されない。そもそも憲法14条の定める法の下の平等は選挙

デジタル・デモクラシーの時代？

生活のあらゆる領域でIT化が進行する中、民主主義の形も変化を迫られている。AIやビックデータを使った先端技術は従来は不可能だった情報の把握や測定、集約を可能にすることで、政治的意思決定の質を高め、民主主義を効率化する可能性を秘めている。技術革新は選挙制度をどう変えていくのであろうか？

多忙などの理由で投票所に行く余裕がないという人の政治参加を促す点で、電子投票は民主主義の活性化につながりそうである。地方選挙については2002年より電子投票制度を条例で定めることが可能となった。しかしながら、選挙の公正や透明性の確保、投票の秘密を守るという観点からは課題も多い。

国会審議のオンライン化（ネット中継の視聴を出席と認め、採決も電子投票とする）は、かねてより一部の議員から提案されてきたが、2020年の新型コロナ感染症の拡大を受けて、再度注目を集めた。諸外国では国会審議のオンライン化が一部進められているが、日本においては「総議員の3分の1以上の出席」を求める憲法56条や、議場にいない議員は表決に加わることができないとする衆議院規則があるため、慎重な姿勢が強い。現場で行われる対面のやり取りによってこそ充実した審議が可能であるといえるのか、議員が「自ら議場にいること」の意義が問われている。

参政権を行使する前提となる政治的意見の形成・集約にとっては、ネット上の言論空間が新たな「公共圏」として重要な意義を持つに至っている。一方において、SNSやブログを通じて個人が情報を発信できるようになったことは、情報の多様性を格段に高めた。他方において、多様な情報源から発せられる情報の信頼性には注意をしなければいけない。また、ネット社会においては、自己の立場からフレーミングされた情報だけに接することで偏った考えが増幅される、真実よりも感情、客観性よりも先入観に根差したコンテンツが流通しやすいといった問題も指摘されている。個々人の情報リテラシーを高めるとともに、デマやフェイクニュースに対して実効的な規制を行う必要がある。検索エンジンやSNSの運営企業など情報プラットフォームに関わる企業について、プラットフォーム運営の透明性を確保するとともに、情報の信頼性を担保させる枠組みが求められている。

権が平等に与えられるべきことを要請する。また、憲法44条は選挙人の資格が「人種、信条、社会的身分、門地、教育、財産又は収入」によって差別されてはならないことを**選挙の原則**[9]としている。社会的地位や財産などによって選挙人を等級にわけて投票価値を差別したり（等級選挙）、特定の人に2票以上の投票を認めること（複数選挙）は平等選挙の原則に反するので許されない（平等の概念については、⇒❹）。

⑵ **一票の格差**　平等選挙の原則があるにもかかわらず、日本においては選挙区ごとに一票の価値に格差がでることが長年にわたって問題となってきた。

一票の格差とは、1人の国会議員を選出するのに必要な票数が選挙区ごとに異なることにより、一票あたりの価値に違いが出ることをいう。例えば、選挙を行うにあたって、地方の選挙区では1選挙区30万人につき1名の国会議員を、都市の選挙区では1選挙区150万につき1人の国会議員を選出するとしよう。国民全体が地方の住民30万人、都市の住民150万からなるとすると、国会に代表されるのは地方の選挙区代表の国会議員1名と、都市の選挙区代表の国会議員1名の同数になってしまう。人数の上では少数派であるにもかかわらず、地方の住民は都市の住民と同じ人数の国会議員を選出できてしまうのである。ここには地方の住民と都市の住民の投票価値に5対1の格差が存在しているといえよう。

このように人口の上では少数派である地方が一票の格差によって巨大な政治的発言力を持ってしまうのが一票の格差問題の核心である。よって、人口に比例した議席配分を徹底することが解決策となるが、選挙区割の変更は政治家自身の選挙の当落に直結するため、国会での抜本的な改正は実現せずにいる。

選挙権の平等につき最高裁は「選挙人の投票の価値、すなわち各投票が選挙の結果に及ぼす影響力においても平等であることを要求せざるを得ない」と述べている。それにもかかわらず、最高裁は選挙制度を具体化する立法裁量を広く認め、1対2を超える投票価値の格差を合憲としてきた。すなわち、投票価値の平等は憲法上の要請であるとしながら、それは国会が考慮すべき唯一絶対の基準ではなく、国会は投票価値の平等とそれ以外の考慮要素とを調和させつつ「公正かつ効果的な代表」を実現するために適切な選挙制度を決定する立法裁量を持つとした。そして、最高裁は投票価値の不平等により「違憲状態」を宣告する場合であっても、**事情判決の法理**[10]を用いて選挙自体は有効としている。

とはいえ、近年の最高裁は国会の立法裁量に対する憲法上のコントロールを強めている。日本において一票の格差が生じるようになった原因の一端は、1994年の小選挙区制導入の際に規定された**「一人別枠方式」**[11]にあったが、これを違憲とした判決において最高裁は「いずれの地域の選挙区から選出されたかを問わず、全国民を代表して国政に関与することが要請される」のであり、過疎地域への配慮はそうした全国的な視野からなされるべきであるとする。

5　みんなで決めるってどういうこと？

ひとたび国民により選出された国会議員は、選挙民の意思とは独立に「全

⇒9　**選挙の原則**
選挙において守られるべき原則として、普通選挙、平等選挙、直接選挙、自由投票、秘密投票の5原則がある。

⇒10　**事情判決の法理**
事情判決とは、行政の措置が法律に違反するものではあるものの、それを取り消すことによって重大な公共の利益を損なう可能性のある場合、裁判所が命令を取り消さず、有効とする判決である。最高裁はしばしば実施された選挙を違憲と宣言するにとどめて、その選挙の効力は維持するという法理を用いてきた。これを事情判決の法理という。

⇒11　**「一人別枠方式」**
衆院の小選挙区の総議席のうち、まず47都道府県に1議席ずつを「別枠」として割り当て、残りの議席を人口に比例して配分する方式である。これは各都道府県に1議席を配分することで過疎地の国民の意見も国政に反映させることを目的としていた。

国民の代表」[12]（43条）として行動しなければならない。すなわち、自分を選出した個々の選挙民の利益のためではなく、国民全体の利益になるような政治を行わなければならない。現実の国会議員は「全国民の代表」としてふさわしい行動をとっているだろうか。A くんが将来世代の声を国政に届けなければならないと感じる背景には、若者にとって国会が「自分たちを代表している」と感じられないという問題があるのではないか。

国会と現実の民意が乖離することは望ましくなく、民主制を機能させていくためには、国民からみて実質的に「自分たちを代表している」と感じられる議会とならなければならない（社会学的代表）。このようにみたとき、一部の選挙区が過大代表されるという投票価値の不平等は、単なる憲法14条の「平等」の問題を超えた政治制度の問題としてあらわれてくる。一部の国民が過大代表されることによって生ずる政策決定の歪みは「全国民の代表」であるべき議会に対する国民の不信を招く。そして、政治不信が投票率の低下につながるとき、それは日本国憲法が前提とする議会制民主主義の根本を掘り崩してしまう危険すらはらんでいるのである。

将来を担う若者の声を政治に反映させることは重要である。しかし、少子高齢化の中で選挙年齢の引き下げや将来世代への複数票の割り当てが議論されるとき、そうした措置によって世代の特殊利益を代表させることを強調しすぎるのは危険な思考であるかもしれない。選挙制度の在り方は、あくまでも世代を超えた「全国民の代表」を如何に選ぶかという視点から議論されなくてはならないのだ。

➡12 「全国民の代表」と女性の政治参画
日本の国会では女性議員比率が低いことが指摘されてきた。特に日本の衆議院における女性議員比率は10.2％と極めて低く、国際比較で見ると193カ国中165位、G20諸国で最下位となっている（2019年8月現在。列国議会同盟の調査による）。女性議員の誕生を促すため、2018年に国会で「政治分野における男女共同参画の推進に関する法律」が成立した。同法は、衆議院、参議院及び地方議会の選挙において、男女の候補者の数ができる限り均等となることを目指すことを基本原則とし、政党の努力義務等を定めている。

資料❶ 議員定数不均衡をめぐる判例

議員定数不均衡についての最高裁判所判決						
	衆議院			参議院		
	格差	判決	判決日	格差	判決	判決日
1962年				4.09	合憲	1964年2月5日
1971年				5.08	合憲	1974年4月25日
1972年	4.99	違憲	1976年4月14日			
1977年				5.26	合憲	1983年4月27日
1980年	3.94	違憲状態	1983年11月7日	5.73	合憲	1986年3月27日
1983年	4.4	違憲	1985年7月17日	5.56	合憲	1987年9月24日
1986年	2.92	合憲	1988年10月21日	5.85	合憲	1988年10月21日
1990年	3.18	違憲状態	1993年1月20日			
1992年				6.59	違憲状態	1996年9月11日
1993年	2.82	合憲	1995年6月8日			
1995年				4.97	合憲	1998年9月2日
1996年	2.309	合憲	1999年11月10日			
1998年				4.98	合憲	2000年9月6日
2000年	2.471	合憲	2001年12月18日			
2001年				5.06	合憲	2004年1月14日
2004年				5.13	合憲	2006年10月4日
2005年	2.171	合憲	2007年6月13日			
2007年				4.86	合憲	2009年9月30日
2009年	2.3	違憲状態	2011年3月23日			
2010年				5	違憲状態	2012年10月17日
2012年	2.43	違憲状態	2013年11月20日			
2013年				4.77	違憲状態	2014年11月26日
2016年				3.08	合憲	2017年9月27日
2017年	1.98	合憲	2018年12月9日			

衆議院では概ね1対3、参議院では概ね1対5の格差が生じる場合に最高裁は違憲の判断をしているが、2009年頃から投票価値の不平等をより厳しく審査していることがわかる。参院選における一票の格差について、当初最高裁は事実上の都道府県代表という要素を認めて、これを許してきた。しかしながら、近年では一票の格差を是正するため都道府県単位の選挙区制を見直す必要性を強調している。

参院選について、2015年の公選法改正では4つの選挙区で合区が実現した。その後、2018年改正では選挙区見直しが行われるとともに参議院比例区で拘束名簿式の「特定枠」を設定することが可能となった。あらかじめ政党の決めた順位に従って当選者が決まる仕組みにより、参議院に選出されない可能性がある県の代表者を政党の判断で優先させることができる。

現行の日本の選挙制度をみると、衆議院では議員定数465名を小選挙区制（289名）と比例代表制（176名）によって選挙する小選挙区比例代表並立制がとられている。参議院議員選挙では定数245名を選挙区制（147名）と比例代表制（98名）によって選挙する（3年毎に半数改選）。なお、参議院の定数は2022年より248名となる（選挙区148人、比例代表100人）。

参考文献案内

プロローグ　芦部信喜『憲法判例を読む』（岩波書店、1987 年）

宍戸常寿「人権の限界に関する解釈論の『型』」山下純司ほか『法解釈入門（第 2 版）』（有斐閣、2020 年）

❶　トマス・ホッブズ／水田洋訳『リヴァイアサン 1 〜 4』（岩波書店、1982-92 年）

イマニュエル・カント／宇都宮芳明訳『永遠平和のために』（岩波書店、1985 年）

❷　日比野由利『グローバル化時代における生殖技術と家族形成』（日本評論社、2013 年）

石原　明『法と生命倫理 20 講〔第 4 版〕』（日本評論社、2004 年）

❸　ジョン・スチュアート・ミル（斉藤悦則訳）『自由論』〔光文社古典新訳文庫〕（光文社、2012 年）

❹　辻村みよ子『ポジティヴ・アクション』―「法による平等」の技法』（岩波書店、2011 年）

❺　西原博史『良心の自由と子どもたち』〔岩波新書〕（岩波書店、2006 年）

❻　手塚治虫『火の鳥 10・太陽編・上下』（朝日新聞出版、2009 年）

斉藤一久「V 政教分離」（特集戦後 70 年を考える）法学教室 416 号（2015 年）

❼　松井茂記『マス・メディア法入門〔第 5 版〕』（日本評論社、2013 年）

師岡康子『ヘイト・スピーチとは何か』〔岩波新書〕（岩波書店、2013 年）

❽　岡田与好『経済的自由主義　資本主義と自由』（東京大学出版会、1987 年）

二本柳高信「経済的自由と規制目的二分論」法学セミナー 56 巻 2 号（特集　憲法訴訟の潮流を読む）（2011 年）

❾　ダニエル・キイス（小尾芙佐訳）『アルジャーノンに花束を〔新版〕』（早川書房、2015 年）

唐木順三『「科学者の社会的責任」についての覚え書』〔ちくま学芸文庫〕（筑摩書房、2012 年）

❿　葛西まゆこ『生存権の規範的意義』（成文堂、2011 年）

阿部彩『子どもの貧困―日本の不公平を考える』〔岩波新書〕（岩波書店、2008 年）

⓫　文部科学省『中学生・高校生のための放射線副読本〜放射線について考えよう〜』（文部科学省、2014 年）

「統計軽視の医学界　福島発がんリスクを見誤るな　疫学専門家に聞く」日本経済新聞　電子版（2014 年 6 月 23 日）

後藤忍「公平性を欠いた原子力教材による洗脳に抗するために」科学 82 巻 8 号（2012 年）

⓬　戸波江二編『企業の憲法的基礎』（日本評論社、2010 年）

今野晴貴『ブラック企業 2』（文春新書、2015 年）

⓭　ジョン・ロック／加藤節訳『完訳　統治二論』（岩波書店、2010 年）

⓮　大石眞「憲法的刑事手続」大石眞＝石川健治編『憲法の争点』（有斐閣、2008 年）

佐藤幸治＝井上正仁＝竹下守夫『司法制度改革』（有斐閣、2002 年）

⓯　辻村みよ子『選挙権と国民主権』（日本評論社、2015 年）

谷口将紀＝宍戸常寿『デジタル・デモクラシーがやってくる！』（中央公論新社、2020 年）

今後、さらに進んだ学習をしたい方のために、代表的な憲法の概説書を挙げておく。

芦部信喜（高橋和之補訂）『憲法〔第 8 版〕』（岩波書店、2023 年）

佐藤幸治『日本国憲法論（第 2 版）』（成文堂、2020 年）

高橋和之『立憲主義と日本国憲法〔第 5 版〕』（有斐閣、2020 年）

長谷部恭男『憲法〔第 8 版〕』（新世社、2022 年）

■執筆者紹介（執筆順、＊は編者）

＊宍戸常寿	（ししど　じょうじ）	東京大学大学院法学政治学研究科教授	プロローグ、⓮
中野雅紀	（なかの　まさのり）	元茨城大学大学院教育学研究科准教授	❶
稲葉実香	（いなば　みか）	金沢大学法科大学院教授	❷
早瀬勝明	（はやせ　かつあき）	甲南大学法学部教授	❸
白水　隆	（しろうず　たかし）	千葉大学大学院専門法務研究科准教授	❹
佐々木くみ	（ささき　くみ）	東北学院大学法学部教授	❺
中島　宏	（なかしま　ひろし）	山形大学人文社会科学部教授	❻
梶原健佑	（かじわら　けんすけ）	九州大学基幹教育院准教授	❼
武田芳樹	（たけだ　よしき）	山梨学院大学法学部教授	❽
玉蟲由樹	（たまむし　ゆうき）	日本大学法学部教授	❾
井上亜紀	（いのうえ　あき）	佐賀大学経済学部教授	❿
栗田佳泰	（くりた　よしやす）	新潟大学法学部准教授	⓫
大西祥世	（おおにし　さちよ）	立命館大学法学部教授	⓬
平良小百合	（たいら　さゆり）	一橋大学大学院法学研究科	⓭
大西楠テア	（おおにし　なみ・てあ）	専修大学法学部教授	⓯

18歳から考える人権〔第２版〕

2015年11月10日　初　版第１刷発行
2020年11月10日　第２版第１刷発行
2024年３月20日　第２版第２刷発行

編　者　宍戸常寿
発行者　畑　　光
発行所　株式会社 法律文化社

〒603-8053
京都市北区上賀茂岩ヶ垣内町71
電話 075(791)7131　FAX 075(721)8400
https://www.hou-bun.com/

印刷：西濃印刷㈱／製本：㈱吉田三誠堂製本所
装幀：白沢　正

ISBN 978-4-589-04117-3